プリント形式のリアル過去問で本番の臨場感！

和歌山県

和歌山県立中学校

（古佐田丘・向陽・桐蔭・日高高校附属・田辺）

2025年春 受験用

解答集

本書は，実物をなるべくそのままに，プリント形式で年度ごとに収録しています。
問題用紙を教科別に分けて使うことができるので，本番さながらの演習ができます。

■ 収録内容

・解答集（この冊子です）

書籍ＩＤ番号，この問題集の使い方，最新年度実物データ，リアル過去問の活用，
解答例と解説，ご使用にあたってのお願い・ご注意，お問い合わせ

・2024（令和６）年度 ～ 2020（令和２）年度　学力検査問題

JN132401

○は収録あり	年度	'24	'23	'22	'21	'20
■ 問題（適性Ⅰ・Ⅱ・作文）		○	○	○	○	○
■ 解答用紙（適性Ⅰ・Ⅱは書き込み式）		○	○	○	○	○
■ 配点						

全分野に解説があります

注）問題文等非掲載：2024年度適性検査Ⅰの研究1，2021年度作文の一，2020年度適性検査Ⅰの研究1

問題文などの非掲載につきまして

著作権上の都合により，本書に収録している過去入試問題の本文や図表の一部を掲載しておりません。ご不便をおかけし，誠に申し訳ございません。

教英出版

■ 書籍ＩＤ番号

入試に役立つダウンロード付録や学校情報などを随時更新して掲載しています。
教英出版ウェブサイトの「ご購入者様のページ」画面で，書籍ＩＤ番号を入力してご利用ください。

書籍ＩＤ番号　101227

（有効期限：2025年9月30日まで）

【入試に役立つダウンロード付録】
「要点のまとめ(国語／算数)」
「課題作文演習」ほか

■ この問題集の使い方

年度ごとにプリント形式で収録しています。針を外して教科ごとに分けて使用します。①片側，②中央のどちらかでとじてありますので，下図を参考に，問題用紙と解答用紙に分けて準備をしましょう（解答用紙がない場合もあります）。

針を外すときは，けがをしないように十分注意してください。また，針を外すと紛失しやすくなりますので気をつけましょう。

① 片側でとじてあるもの

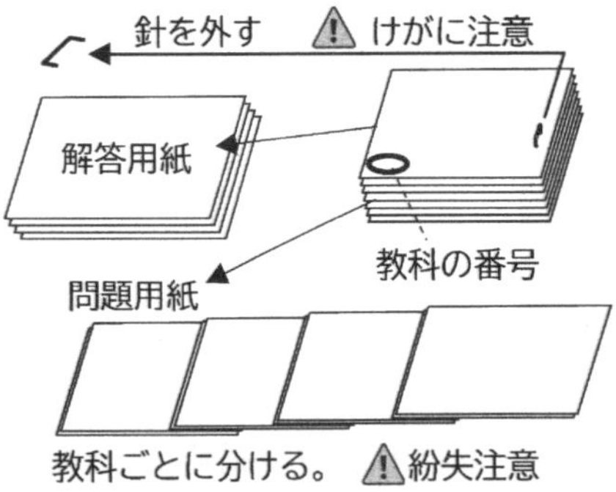

② 中央でとじてあるもの

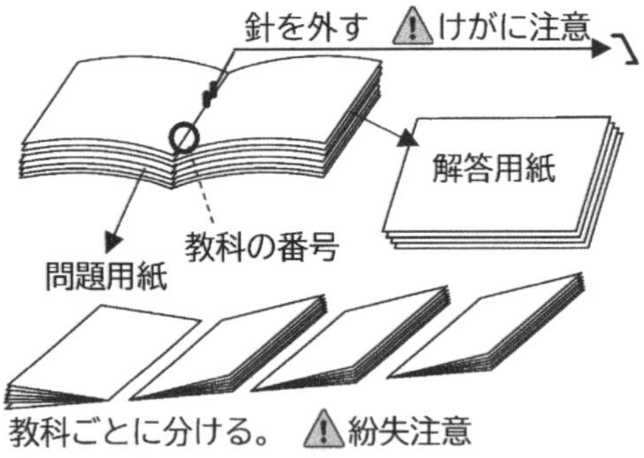

※教科数が上図と異なる場合があります。
解答用紙がない場合や，問題と一体になっている場合があります。
教科の番号は，教科ごとに分けるときの参考にしてください。

■ 最新年度 実物データ

実物をなるべくそのままに編集していますが，収録の都合上，実際の試験問題とは異なる場合があります。実物のサイズ，様式は右表で確認してください。

問題用紙	Ａ４冊子(二つ折り)(適性Ⅰ・Ⅱは書込み式)
解答用紙	作文：Ａ３片面プリント

リアル過去問の活用

～リアル過去問なら入試本番で力を発揮することができる～

本番を体験しよう！

問題用紙の形式（縦向き / 横向き），問題の配置や余白など，実物に近い紙面構成なので本番の臨場感が味わえます。まずはパラパラとめくって眺めてみてください。「これが志望校の入試問題なんだ！」と思えば入試に向けて気持ちが高まることでしょう。

入試を知ろう！

同じ教科の過去数年分の問題紙面を並べて，見比べてみましょう。

① 問題の量

毎年同じ大問数か，年によって違うのか，また全体の問題量はどのくらいか知っておきましょう。どのくらいのスピードで解けば時間内に終わるのか，大問ひとつにかけられる時間を計算してみましょう。

② 出題分野

よく出題されている分野とそうでない分野を見つけましょう。同じような問題が過去にも出題されていることに気がつくはずです。

③ 出題順序

得意な分野が毎年同じ大問番号で出題されていると分かれば，本番で取りこぼさないように先回りして解答することができるでしょう。

④ 解答方法

記述式か選択式か（マークシートか），見ておきましょう。記述式なら，単位まで書く必要があるかどうか，文字数はどのくらいかなど，細かいところまでチェックしておきましょう。計算過程を書く必要があるかどうかも重要です。

⑤ 問題の難易度

必ず正解したい基本問題，条件や指示の読み間違いといったケアレスミスに気をつけたい問題，後回しにしたほうがいい問題などをチェックしておきましょう。

問題を解こう！

志望校の入試傾向をつかんだら，問題を何度も解いていきましょう。ほかにも問題文の独特な言いまわしや，その学校独自の答え方を発見できることもあるでしょう。オリンピックや環境問題など，話題になった出来事を毎年出題する学校だと分かれば，日頃のニュースの見かたも変わってきます。

こうして志望校の入試傾向を知り対策を立てることこそが，過去問を解く最大の理由なのです。

実力を知ろう！

過去問を解くにあたって，得点はそれほど重要ではありません。大切なのは，志望校の過去問演習を通して，苦手な教科，苦手な分野を知ることです。苦手な教科，分野が分かったら，教科書や参考書に戻って重点的に学習する時間をつくりましょう。今の自分の実力を知れば，入試本番までの勉強の道すじが見えてきます。

試験に慣れよう！

入試では時間配分も重要です。本番で時間が足りなくなってあわてないように，リアル過去問で実戦演習をして，時間配分や出題パターンに慣れておきましょう。教科ごとに気持ちを切り替える練習もしておきましょう。

心を整えよう！

入試は誰でも緊張するものです。入試前日になったら，演習をやり尽くしたリアル過去問の表紙を眺めてみましょう。問題の内容を見る必要はもうありません。どんな形式だったかな？受験番号や氏名はどこに書くのかな？…ほんの少し見ておくだけでも，志望校の入試に向けて心の準備が整うことでしょう。

そして入試本番では，見慣れた問題紙面が緊張した心を落ち着かせてくれるはずです。

※まれに入試形式を変更する学校もありますが，条件はほかの受験生も同じです。心を整えてあせらずに問題に取りかかりましょう。

《解答例》

研究１　課題１．「昨日」という言葉が「買った」と「食べました」のどちらをくわしくしているのかが，はっきりしないということが原因です。　課題２．簡単／親切　課題３．Aで一文だったものがBで三文に区切られているように，文は短くしたほうがいいということ。

研究２　課題１．説明…あきらさんの黒石は，$180\times\frac{7}{12}=105$　105個
みどりさんの黒石は，$180\times\frac{5}{12}=75$　75個
２人の黒石の個数の差は，105－75＝30　30個になる。
みどりさんの黒石は，あきらさんの黒石より30個少ないから，まずは，みどりさんに白石を30個配って２人の石の個数を同じにする。
残りの白石は，150－30＝120　120個で，その120個を２人で等しく分けると，120÷２＝60　60個
60個の白石をそれぞれ２人に配る。あきらさんの白石は，60個　みどりさんの白石は，30＋60＝90　90個
答…あきらさんの黒石105個，白石60個　みどりさんの黒石75個，白石90個

課題２．表…右表

周の数（周）	1	2	3	4	5
いちばん外側の周に並んだ石の個数（個）	12	20	28	36	44

説明…いちばん外側の周に並んだ石の色は，周の数が奇数のときに黒，偶数のときに白となるので，周の数が偶数であるときのいちばん外側の周に並んだ白石の個数を考える。表から，２周目は20個，４周目は36個である。１周増えるごとに石が８個増えるから，６周目は，44＋８＝52　52個　８周目は，52＋８＋８＝68　68個　10周目は，68＋８＋８＝84　84個となる。
白石の個数は，20＋36＋52＋68＋84＝260　260個　はじめの形の２個をたして262個　答…262

研究３　課題１．⑴ユーラシア／オーストラリア　⑵①イ　②エ　③ア　④ウ　課題２．大日本帝国憲法では，天皇が主権をもち，日本国憲法では，国民が主権をもつ。　課題３．大隈重信…国会の開設に備え，立憲改進党をつくった。　小村寿太郎…条約改正に成功し，関税自主権を回復させた。

研究４　課題１．体積が小さくなった空気は，もとの体積にもどろうとする性質。　課題２．記号…④　理由…モンシロチョウは，キャベツの葉にたまごを産むために飛んでくるから。　課題３．紅茶に砂糖をとかす前に，砂糖，紅茶が入った容器，スプーンの全体の重さをはかる。砂糖や紅茶をこぼさないように，スプーンで混ぜて砂糖をとかす。砂糖をとかした紅茶が入った容器とスプーンの重さをはかって，紅茶に砂糖をとかす前と，とかした後の全体の重さを比べる。

《解　説》

研究１

課題１　「昨日お母さんといっしょにドーナツを買いました。そのドーナツを食べました。」ならば，「昨日」は「買いました」をくわしくしていることがわかる。情報をわかりやすく伝えるためには，文を区切って短くする，「、(読点)」を入れるなどの方法がある。

課題２・３　著作権上の都合により文章を掲載(けいさい)しておりませんので，解説も掲載しておりません。ご不便をおかけし，誠に申し訳ございません。

研究２

課題１　あきらさんとみどりさんの黒石の個数の比は７：５だから，あきらさんの黒石の個数は$180\times\frac{7}{7+5}=$105(個)，みどりさんの黒石の個数は$180\times\frac{5}{7+5}=75$(個)となる。解答例以外にも，あきらさんとみどりさんの石の数はそれぞれ(180＋150)÷２＝165(個)になるから，あきらさんの白石の個数は165−105＝60(個)，みどりさんの白石の個数は165−75＝90(個)になる，と考えてもよい。

課題２　一番外側の周に並ぶ石の個数は，１周目が12個，２周目が20個，３周目が28個であり，１周目の12個から８個ずつ増えていくとわかる。よって，４周目は28＋８＝36(個)，５周目は36＋８＝44(個)となる。
白石ははじめに置いた２個に加えて，偶数周目の一番外側に並ぶので，２周ごとに８×２＝16(個)ずつ増える。

研究３

課題１(1)　ユーラシア／オーストラリア　　アジアとヨーロッパを合わせた大陸をユーラシア大陸と名付けた。オーストラリア大陸は６大陸のなかで最も面積が小さい大陸である。　**(2)**　①＝イ　②＝エ　③＝ア　④＝ウ
①は与那国島(沖縄県)，②は沖ノ鳥島(東京都)，③は択捉島(北海道)，④は南鳥島(東京都)である。沖ノ鳥島では，日本の排他的経済水域の減少を防ぐため，島が水没しないように，多額の費用をかけて工事が行われた。択捉島をふくむ北方領土は，日本固有の領土であるが，現在ロシアによる実効支配が続いている。

課題２　大日本帝国憲法は天皇主権，日本国憲法は国民主権であることが書かれていればよい。

課題３　大隈重信が開拓使官有物払下げ事件での世論の動きに関与したとし，政府は大隈重信を罷免したうえで，払下げを取りやめ，10年後の国会開設を約束した(明治十四年の政変)。罷免された大隈重信は，翌年に立憲改進党を結成し，国会開設に備えた。1911年にアメリカとの間で関税自主権の回復に成功した小村寿太郎は，日露戦争のポーツマス条約締結のときの全権大使でもあった。

研究４

課題１　とじこめた空気の体積が小さくなるほど，中の空気がおし返す力は大きくなる。

課題２　モンシロチョウは卵をキャベツやアブラナなどの葉に産む。

課題３　紅茶に砂糖をとかしたとき，砂糖をとかした後の紅茶の重さは，砂糖を入れる前の紅茶の重さと入れた砂糖の重さの和に等しくなる。したがって，容器をふくむすべての重さは，砂糖をとかす前後で変化しない。

《解答例》

研究1　課題1．説明…小型コインロッカー1個分の高さは，165÷5＝33　33cm
中型コインロッカー1個分の高さは，165÷3＝55　55cmだから，
大型コインロッカー1個分の高さは，165－33－55＝77　77cmである。
大型コインロッカー1個分の高さは，小型コインロッカー1個分の高さの何倍かを考える。$77 \div 33 = \frac{7}{3}$　$\frac{7}{3}$倍
小型コインロッカーと大型コインロッカーの底面積は等しいので，コインロッカーの体積は，コインロッカーの高さに比例する。だから，大型コインロッカー1個分の体積は，小型コインロッカー1個分の体積の$\frac{7}{3}$倍になる。　答…$2\frac{1}{3}$
課題2．説明…大型コインロッカーの7日間の利用料金の合計は，600×27＝16200　16200円
小型コインロッカーの7日間の利用回数は，(資料)から，1×3＋2×3＋3×3＋5×4＋6×2＝50
50回である。小型コインロッカーの7日間の利用料金の合計は，300×50＝15000　15000円
小型，中型，大型を合わせたコインロッカーの7日間の利用料金の合計が，50000円だから，中型コインロッカーの7日間の利用料金の合計は，50000－16200－15000＝18800　18800円である。中型コインロッカーの1回の利用料金は，400円だから，利用回数は，18800÷400＝47　47回　答…47

研究2　課題1．画用紙でつくったつつに口をつけて声を出すと，画用紙のつつがふるえる。そのふるえが紙コップに伝わり，紙コップがふるえることで，紙コップの上にのせた人形がとびはねる。
課題2．A地点の正午の天気…右表　理由…5月7日は，アメダスの降水量情報から，雨だとわかる。8日と9日は，アメダスの降水量情報から，晴れかくもりだと考えられる。8日と9日の気温の変化を比べると，変化が小さい8日がくもり，変化が大きい9日は晴れだと考えられるから。

日付	5月7日	5月8日	5月9日
天気	雨	くもり	晴れ

課題3．記号…㋑→㋐→㋓→㋒　理由…地層は，横にも，おくにも広がっていて，同じ模様の層は，つながっている層であるため，㋐から㋓の同じ模様の層は，海面からの土地の高さが同じであると考えられる。よって，同じ模様の層を横にそろえて考えると，地表の，海面からの土地の高さが高い順に，㋑㋐㋓㋒となるから。

研究3　課題1．ロープウェイのおおよその速さは，1440÷8＝180　分速180m
ケーブルカーのおおよその速さは，900÷5＝180　分速180m
どちらもおよそ分速180mの速さだが，ロープウェイは，時間を多く見積もっているので，おおよその速さより実際の速さのほうが速い。ケーブルカーは，片道の移動きょりを多く見積もっているので，おおよその速さより実際の速さのほうがおそい。だから，ロープウェイとケーブルカーの実際の速さは，ロープウェイのほうが速い。
課題2．説明…四角形IJKLは，頂点Jと頂点Lを結んでできる直線で，三角形IJLと三角形KJLに分けられる。まず，三角形IJLの面積を考える。四角形AJLEは平行四辺形だから，AEとJLの長さは同じで$\frac{1}{2}$m
頂点Iは，平行四辺形AJLEの対角線の交点で対称の中心だから，三角形IJLの底辺をJLとしたときの高さは$\frac{1}{4}$mとわかる。三角形IJLの面積は，底辺$\frac{1}{2}$m，高さ$\frac{1}{4}$mの三角形なので，$\frac{1}{2} \times \frac{1}{4} \div 2 = \frac{1}{16}$　$\frac{1}{16}$㎡
同じように，三角形KJLの面積も$\frac{1}{16}$㎡と求められる。だから，四角形IJKLの面積は，$\frac{1}{16} \times 2 = \frac{1}{8}$　$\frac{1}{8}$㎡
答…$\frac{1}{8}$

《解　説》

研究１

課題１　解答例のように，小型，中型コインロッカーの高さから，大型コインロッカーの高さを求める。

具体的に大型，小型コインロッカーの体積を求めると，数が大きくなり，計算ミスをしやすくなるので，どちらのコインロッカーも縦の長さと横の長さが等しい，つまり底面積が等しいことを利用して，高さのみを比べて求めるとよい。

課題２　先週の大型，小型コインロッカーの利用料金の合計を求め，合計金額から引くと，中型コインロッカーの利用料金の合計が求められる。

研究２

課題１　音はものをふるえさせて伝わる。

課題２　天気が雨かどうかは，降水量情報からわかる。雨が降っていない(降水量が０㎜)ときの天気は１日の気温の変化から判断する。晴れの日は１日の中の気温の変化が大きくなり，くもりの日は１日の中の気温の変化が小さくなる。

課題３　つながっている地層を同じ高さにすると，右図のようになる。

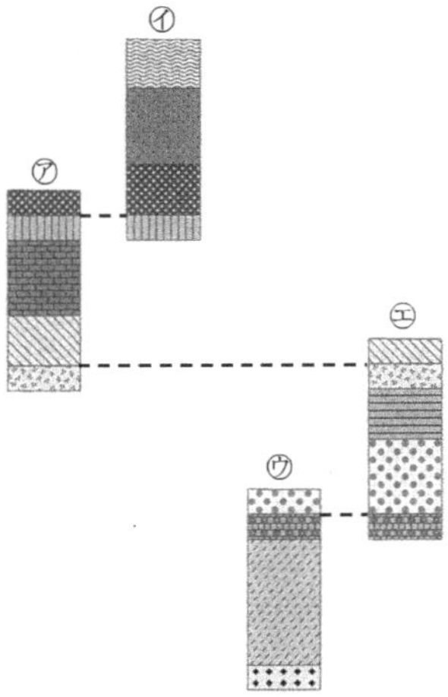

研究３

課題１　みどりさんが表したがい数を使うと，ロープウェイの速さもケーブルカーの速さも分速 180mで等しくなる。ロープウェイの実際にかかった時間は７分 58 秒だから，実際の方が時間はかかっていない，つまり速さは大きい。ケーブルカーについては，片道の移動きょりを切り上げているので，実際の移動きょりの方が短い，つまり速さは小さい。

課題２　三角形ＩＪＬと三角形ＩＥＡは合同なので，底辺をそれぞれＪＬ，ＥＡとしたときの高さが等しく，$(AB\times\frac{1}{2})\times\frac{1}{2}=\frac{1}{4}$(m)である。

《解答例》

一　〈作文のポイント〉

・最初に自分の主張、立場を明確に決め、その内容に沿って書いていく。

・わかりやすい表現を心がける。自信のない表現や漢字は使わない。

さらにくわしい作文の書き方・作文例はこちら！→https://kyoei-syuppan.net/mobile/files/sakupo.html

《解答例》

研究１　課題１．右図　　課題２．よい言語生活を営むために、使用度数が少ない単語でもたくわえて、適切に使える必要があること。　　課題３．わたしが、姉の意見とは反対の意見だということが伝わるようになった。

「感度」
kando

研究２　課題１．まちがっているところ… $\frac{1}{2}$ Lあまる　正しく直したもの…100mL あまる

課題２．説明…１組の人数は 15＋10＋８＝33　33 人　２組の人数は 32 人だから，学年の合計人数は 33＋32＝65　65 人　全部で 65 票になる。　最も少ない票数で確実に「ゼリー」に決まるには，「ゼリー」と２番目に票数の多い「ヨーグルト」に，２組の票がすべて入り，ならしたときの値より１票多くなる必要がある。

65－８＝57　57÷２＝28 あまり１　28＋１＝29　最も少ない票数で確実に「ゼリー」に決まるのは，29 票のとき。　「ゼリー」は１組の投票で 15 票入っているので，29－15＝14　　答…14

研究３　課題１．110 番の連らくを受けた通信指令室から，事故や事件が起きた場所の近くにいる警察に，すぐに連らくすることができるから。　　課題２．地域の人と警察が協力して，子どもたちの安全を守るしくみ。

課題３．(1)Aより，閉店する時刻に近いBの方を，より値段を安くするシールにはり直すくふうをしている。なぜなら，売れ残りを減らし，店の売り上げを少しでも上げたいから。　(2)トレーサビリティ

研究４　課題１．記号…ア，イ　説明…イとウの結果から，ふりこが１往復する時間は，ふりこの長さに関係している。

課題２．金属の性質…電気を通す性質　磁石の性質…はなれていても，鉄でできているものを引きつける性質。

課題３．水たまりの周辺の土は，水のはたらきによって低いところに流れこみ，水底にたい積する。また，いろいろな大きさのつぶが混じった土が水底にたい積するときは，大きいつぶの砂やじゃりは底のほうにたい積し，小さいつぶのどろは表面のほうにたい積するから。

《解　説》

研究１

課題２　[　　　]は、筆者が前で述べたことの具体的例である。よって、この前の段落に筆者が伝えたいことが書かれているはずである。１～４行前の「しかし～一生に一度しか出あわないような単語が、ここというときに適切に使えるかどうか。使えて初めて、よい言語生活が営めるのです。そこが大事です。語彙(ごい)を～もっていたって～あるいは一生で一度も使わないかもしれない。だからいらないのではなくて、その一回のための単語を蓄(たくわ)えていること」を参照。

課題３　「反論」という言葉によって、「わたし」が姉とは反対の意見だということが伝わるようになった。

研究２

課題１　$32\frac{1}{2}$は，32 人分と$\frac{1}{2}$人分（１人分の$\frac{1}{2}$）できるということを意味する。よって，１人分が 200mL だから，$200\times\frac{1}{2}=100$(mL)余る。

課題２　最も少ない票数で確実に「ゼリー」に決まるには，２組の票が「ゼリー」と，２番目に票数の多い「ヨーグルト」だけに入ったとしても，「ヨーグルト」より確実に１票多くなるときである。

研究３

課題１　全国の警察本部には通信指令システムが置かれている。通報者が 110 番の連らくをすると，通信指令システムの担当者に電話がつながり，担当者は通報者から事件・事故の状況や場所などを聞き，警察官を直ちに向かわせることができる。

課題２　こども 110 番の家は通学路などにあり，こどもが犯罪にまきこまれたり，事故にあったりしたときにかけこんで助けをもとめることができる場所である。主に学校のＰＴＡや自治会などによって，防犯ボランティア活動として行われている。「こども 110 番の家」であることを示すため，家の前や玄関などにプレートやのぼり旗を置いていることが多い。

課題３⑴　消費期限が切れてしまうと食品を廃棄(はいき)しなければならず，お店にとっては原価分の回収さえもできず，廃棄の手間もかかってしまうため，損にしかならない。そこで，消費期限が切れる前に値下げしたり，値下げ率を大きくしたりすることで消費者に買ってもらいやすくし，廃棄を減らそうとするお店が多い。特にお惣菜(そうざい)などの，その日のうちに消費期限が切れてしまうものは，閉店時間が近づくにつれ，数時間ごとに値下げ率を上げることもある。　⑵　ある個別の商品について，生産から加工・流通・販売・廃棄までの一連の過程を明らかにするしくみをトレーサビリティといい，「食の安全」を確保し，消費者の安全・安心の期待にこたえるためのものである。パッケージの産地表示などもこのしくみにあたる。

研究４

課題１　ふりこが往復する時間がふれはばとは関係ないことを調べるには，ふれはば以外の条件が同じアとイの結果を比べ，ふりこが１往復する時間が変わらないことを確かめればよい。また，表より，ウだけはふりこが１往復する時間が短いことがわかるので，ウとふりこの長さの条件だけが異なるイを比べれば，１往復する時間はふりこの長さに関係していることがわかる。

課題２　金属製のスプーン，アルミニウムはく，鉄くぎは金属でできていて電気を通しやすいので，鉄くぎを動かして回路をつくれば，電流が流れて豆電球の明かりがつく。また，磁石につくのは鉄などのわずかな種類の金属だけで，厚紙の裏からでも磁石で鉄くぎを自由に動かすことができるので，磁石で鉄くぎを動かして回路をつくることができる。

課題３　じゃり，砂，どろが混じった土が水底にたい積するときは，大きいつぶの砂やじゃりの方が先にしずむので，最も小さいどろのつぶが一番最後に積もる。このため，前日に水たまりがあった場所の土の表面にはどろがたまっている。

《解答例》

研究１　課題１．説明…１周を９分間で回るから，ゴンドラが１つ先のゴンドラの位置まで移動するのには，９÷12＝$\frac{3}{4}$　$\frac{3}{4}$分かかる。ゴンドラが$\frac{3}{4}$分で１つ先のゴンドラの位置まで移動できるので，15 分間では 15÷$\frac{3}{4}$＝20　20 個分移動できる。１周はゴンドラ 12 個分なので，あと８個分移動したゴンドラは，３番になる。

答…３

課題２．G，E，C，A，K，Ｉの６点は，円周上の等しい間かくの点だから，これらの点を結んだ六角形は正六角形になる。正六角形のとなり合う２つの頂点と円の中心Oを結んでできる６つの三角形はすべて合同な正三角形で，辺の長さはすべて円の半径の長さになる。三角形ＯＣＥは正三角形だから，ＣＥは円の半径の長さになる。G，E，O，Ｉを結んでできる四角形はひし形で，対角線ＯＧと対角線ＥＩが交わる点Mはそれぞれの真ん中の点だから，MGは円の半径の半分の長さになる。MGは円の半径の半分の長さで，ＣＥは円の半径の長さだから，ＥからＧまで上がった高さとなるMGは，ＣからＥまで上がった高さとなるＣＥの半分になる。

研究２　課題１．小腸で吸収された養分は，血液の中に入り，血管を通って全身に運ばれ，生きるために使われたり，かん臓にたくわえられたりする。　　課題２．記号…エ　理由…日光が当たる時間帯は，電波とうに日光が当たる部分と当たらない部分ができる。日光が当たる部分の金属は，温度が高くなって体積が大きくなるため，日光が当たらない部分の金属と，体積の変化の仕方にちがいがでる。だから，日光による金属の体積の変化がある時間帯は調べる作業に適していないため，太陽が出ていない時間帯に調べる必要があるから。

課題３．方位…南東　説明…正午のかげは，午前９時と午後３時のかげの真ん中にできる。正午には太陽が南の空にくるので，そのときのかげは北の向きにできる。だから，午前９時のかげの向きは正午のかげから 45°動いた北西となるので，旗をあげるポールは，体育館のげん関から見て，北西の反対の南東に立っている。

研究３　課題１．説明…児童全体の合計人数は，420 人　ドッジボールをして過ごす児童の割合は，147÷420＝0.35　ドッジボールを表す部分の角度㋐の大きさは，360×0.35＝126　126 度　　答…126

課題２．説明…コートを横長の向きにして考えると，①横に２コート，たてに３コートと，②横に３コート，たてに２コートのかき方が考えられる。

①横 45－８＝37　37÷４＝9.25　たて 30－４×２＝22　22÷３＝7.33…

②横 45－８×２＝29　29÷６＝4.83…　たて 30－４＝26　26÷２＝13

①のかき方のときに短辺の長さを最大７ｍにすることができる。

コートをたて長の向きにして考えると，③横に２コート，たてに３コートと，④横に３コート，たてに２コートのかき方が考えられる。

③横 45－４＝41　41÷２＝20.5　たて 30－８×２＝14　14÷６＝2.33…

④横 45－４×２＝37　37÷３＝12.33…　たて 30－８＝22　22÷４＝5.5

④のかき方のときに短辺の長さを最大 5.5ｍにすることができる。　　答…７

《解　説》

研究１

課題１　１つ先のゴンドラがくるまでの時間を求められれば，15 分後に何個先のゴンドラがくるかを求められる。

課題２　右のように作図する。ＥＣ＝ＯＧ，ＭＧ＝ＯＧ×$\frac{1}{2}$となることを説明すればよい。

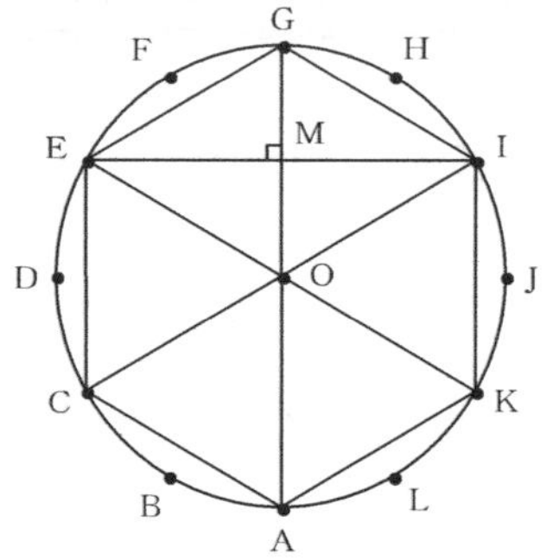

研究２

課題１　小腸で吸収された養分は，小腸とかん臓をつなぐ特別な血管を通ってかん臓へ運ばれる。かん臓では，小腸からの養分がたくわえられたり，全身へ運ばれて生きるために使われたりする。

課題２　作業をおこなった日の気温が午後３時に最高になり，最高気温と最低気温の差が大きいので，この日の天気は晴れだと考えられる。また，金属はあたためられると体積が大きくなり，冷やされると体積が小さくなるので，晴れの日には，直接日光が当たっている部分とそうでない部分とで体積の差が大きくなりやすい。よって，日光が出ていない時間に作業をおこなうのがよい。

課題３　太陽は東の地平線からのぼり，南の空を通って，西の地平線にしずむ。かげは太陽と反対の方位にできるので，かげは１日の間に西，北，東の順に動いていき，図２より，体育館のげん関から見た旗をあげるポールの方位は午前９時の太陽の方位と同じである。午前９時と午後３時のちょうど真ん中の時間は正午であり，正午の太陽はほぼ真南にあるから，その間にかげが 90° 動いたということは，太陽は午前９時から正午までに 45°，正午から午後３時までに 45° 動いたと考えられる。よって，午前９時の太陽の方位は真南から 45° 東よりの南東である。

研究３

課題１　児童全体に対するドッジボールをして過ごす児童の割合が，
円グラフ全体の角度の 360° に対して何度にあたるかを考える。

課題２　コートのかき方は横長とたて長のどちらにするかの２通りと，その２通りそれぞれに対して横に２コートたてに３コートにするか，横に３コートたてに２コートにするかの２通りがある。よって，２×２＝４(通り)の場合を考える必要がある。４通りの場合について，たてと横それぞれで短辺が最大何ｍになるかを計算し，「コートの短辺の１辺は 0.5m 単位とする」というルールにそって実際にかくことができる短辺の長さを求める。
例えば解答例の②では次のように考えて計算している。
横に短辺どうしの間を２か所とるので，コートに使える横の長さは 45－８×２＝29(m) である。横には長辺が３つあり，これは短辺３×２＝６(つ)ぶんだから，短辺の長さは最長で，29÷６＝4.83…より，4.5m になる。
たてに長辺どうしの間を１か所とるので，コートに使えるたての長さは 30－４＝26(m) である。たてには短辺が２つあるから，短辺の長さは最長で，26÷２＝13(m) になる。
4.5m と 13m だと 4.5m の方が短いので，②の場合，短辺は最長で 4.5m になる。
②以外もこのように短辺の最長の長さを求めていて，そのうち最も長い７ｍが答えとなる。

《解答例》

一 (例文)

日本が海外にほこれる文化に、まんがやアニメがありますが、まんがは、文章の筆者がいう「すぐに役に立たないような」知識によってかかれているものが多くあると思います。

まんがの中には歴史を元にしたものが多くあります。例えば『キングダム』というまんがは古代中国をえがいた作品です。このような作品は、作者に歴史の深い知識がなければかけないものだと思います。

しかし、このようなまんがの作者も最初から歴史にくわしかったわけではないと思います。社会や国語の授業で習ったことをきっかけに歴史に興味を持ち、自分でそれに関する本をたくさん読み、作品にえがけるほどの知識を身につけたのだと思います。

私も、国語の教科書にのっている小説に興味を持ち、その作者の他の作品を読んでみたことがあります。他の作品も好きになり、図書館で次々と読むうちに、作者の考え方や世界観が分かった気がして、とても楽しかったです。

色々な小説を読んでも、テストの点数が大きくのびるわけではなく、社会に出てすぐに活かせるような知識が身につくわけでもありません。そこで得られるのは、「すぐに役に立たないようなこと」の一つだと思います。しかし、こういうことこそ、自分の中に強く残り、将来、自分を動かす原動力になると思います。これからも、学校の授業だけで終わるのではなく、興味を持ったことは本を読むなどして、深くつきつめていく姿勢を持ち続けたいです。

《解答例》

研究1　課題1．三　　課題2．ラッコをく除するとウニが増え、そのウニがコンブを食べたことでコンブ群落が減り、コンブ群落を利用していた魚が減ったために漁かく高が減少した。　　課題3．生きものがつながって生きているという自然のしくみ

研究2　課題1．説明…直径40㎝のピザ1枚分の面積は，20×20×3.14＝1256　1256㎠

直径20㎝のピザ5枚分の面積は，10×10×3.14×5＝1570　1570㎠

ピザの面積の合計は，1256＋1570＝2826　2826㎠

だから，1人分の面積は，2826÷6＝471　471㎠になる。

①の面積は，20×20×3.14÷8×3＝471　471㎠

②の面積は，10×10×3.14＋10×10×3.14÷4＝392.5　392.5㎠

答…いえる／いえない

課題2．説明…「無水エタノール」を店員さんの説明のようにうすめると，$500\times\frac{100}{80}=625$

できあがる消毒液の量は625mL

「つめかえ用消毒液」1円あたりの量は，400÷600＝0.6666…　約0.667mL

「無水エタノール」をうすめてできた消毒液1円あたりの量は，625÷1000＝0.625　0.625mL

答…つめかえ用消毒液

研究3　課題1．【人物A】の名前…野口英世　実現できなかったと考えられること…講演をおこなうため，ヨーロッパ各地を訪れること。　理由…鎖国という政策では，日本人の海外渡航が禁止されていたから。

課題2．原則…基本的人権の尊重　説明…人が生まれながらにして自由で平等である権利が，すべての人に保障されているということ。　　課題3．不作や豊作に関わらず，決まった額を納めさせ，国の収入を安定させたかったから。

研究4　課題1．金属は熱した部分から順に熱が伝わって，あたたまるから。　　課題2．方法…金属製のバケツの中に炭を入れ，フライパンでふたをする。　理由…空気が入れかわらずに，新しい空気にふれることができないから。　　課題3．記号…ウ　理由…時こくとともに，星の見える位置は変わるが，星のならび方は変わらないから。

《解　説》

研究1

課題1　ぬけている一文に「その答えは」とあるので，この一文の直前には問いかけがある。第二段落の最後の一文は「それなのになぜ～減ったのでしょうか」という問いかけになっている。また，この問いかけの答えにはウニが関係している。よって，第三段落の最初に入る。

課題2　ラッコの駆除（くじょ）と漁獲高（ぎょかくだか）の減少の関係について説明しているのは，第三段落である。よって，この部分の内容をまとめればよい。

課題3　直前の「この話」が指す内容は，ラッコを少なくしたら漁獲高が減ってしまったこととその理由である。

ここから得られた教訓は，「生きものがつながって生きているという自然のしくみを知らないで」行動したのはまちがいで，このことについて考えることが大切だということ。

研究２

課題１　円の面積は，(半径)×(半径)×3.14で求められるので，直径のまま計算をしないように気を付けよう。また，円周や円の面積を計算し，その計算結果をさらに何倍(何等分)かするようなときは，５×５×3.14＝25×3.14のように，すべて計算するのではなく「×3.14」の部分を残しておくと，次の計算が簡単になるので，覚えておくとよい。

課題２　「つめかえ用消毒液」と「無色エタノール」について，１円あたりの量を，(内容量)÷(価格)で求める。「無色エタノール」は，うすめた後の量で計算することに気を付ける。

研究３

課題１　江戸幕府は，キリスト教徒の増加がヨーロッパによる日本侵略のきっかけとなり，支配の妨げになると考え，キリスト教の布教を行うスペインやポルトガルの船の来航を禁止したり，日本人の海外渡航や帰国を禁止したりした。

課題２　日本国憲法の三大原則は「国民主権」「平和主義」「基本的人権の尊重」で，自由権は基本的人権の１つである。基本的人権は，侵すことのできない永久の権利として日本国憲法で保障されているため，表現の自由が政府の考えによって制限されることはない。ただし，他人の名誉を傷つける場合などでは，プライバシーの権利などによって制限されることもある。大日本帝国憲法のもとでは，自由権は法律の範囲内で認められていた。

課題３　1873年の地租改正では，地価の３％(1877年に2.5％に変更)を現金で納めることとした。収穫高に応じて納める年貢が，天候などに左右されて安定せず，予算を立てにくかったことから地租改正が実施された。

研究４

課題１　金属は熱した部分から順に熱が伝わるから，Ａ→Ｂの順にあたたまる。このような熱の伝わり方を伝導という。

課題２　ものが燃えるために必要な条件は，燃えるもの，温度，新しい空気(酸素)の３つである。(水は使わずに)写真２にある道具を使って，３つの条件のうち１つ以上をなくす方法を考えればよい。なお，翌日の朝に炭を使わないのであれば，水を使う方法も考えられる。バケツに大量の水を入れ，その中に燃えている炭を入れると，温度と新しい空気の２つの条件をなくすことができる。このとき，燃えている炭を一度に大量に入れると，水が急激に沸騰(ふっとう)して熱湯が飛び散るおそれがあるので注意しよう。

課題３　東の地平線からのぼったはくちょう座は，ならび方を変えずに南の空に向かって高く上がっていく。東を向いているとき，右手側が南だから，図２のときと同じならび方で，図２のときよりも右上にあるウが正答となる。

《解答例》

研究１　課題１．説明…体育館のスクリーンのたての長さと横の長さの比は，3.6：5.6＝９：14
また，たての長さと横の長さの比が３：４の「標準」のスライドは，３：４＝９：12
このことから，「標準」のスライドのたての長さを，スクリーンのたての長さ 3.6mに合わせて映し出しても，横には，はみ出さない。
「標準」について，スクリーンに映し出されたスライドの横の長さをxmとすると，
３：４＝3.6：x　3.6÷３＝1.2　４×1.2＝4.8　x＝4.8
映し出されるスライドの面積は，3.6×4.8＝17.28　17.28 ㎡
一方，たての長さと横の長さの比が９：16 の「ワイド画面」のスライドは，たての長さをスクリーンのたての長さ 3.6mに合わせて映し出すと，横にはみ出してしまうので，スクリーンの横の長さ 5.6mに合わせて映し出す。
「ワイド画面」について，スクリーンに映し出されたスライドのたての長さをymとすると，
９：16＝y：5.6　5.6÷16＝0.35　９×0.35＝3.15　y＝3.15
映し出されるスライドの面積は，3.15×5.6＝17.64　17.64 ㎡　　答…ワイド画面
課題２．説明…和歌山県の 2003 年のみかんのしゅうかく量は，115 万×0.166＝19.09 万　19.09 万 t
和歌山県の 2019 年のみかんのしゅうかく量は，75 万×0.21＝15.75 万　15.75 万 t　　答…減っている

研究２　課題１．説明…ポトスが根から水を取り入れたということ。　実験の方法…ポトスにだけポリエチレンのふくろをかぶせ，ふくろの口をしばる。
課題２．㋐発芽や成長するための養分をふくむ子葉の部分が多いから。　㋒根・くき・葉になる部分がないから。　㋓発芽や成長するための養分をふくむ子葉がないから。
課題３．【もう １ つの実験】の方法…青色と赤色のリトマス紙に，それぞれの水よう液をつけて、色の変化を観察する。　理由…つんとしたにおいがした水よう液は，うすい塩酸かうすいアンモニア水のいずれかで，酸性のうすい塩酸とアルカリ性のうすいアンモニア水は，リトマス紙の色の変化で区別できるから。また，においがなかった水よう液のうち，酸性の炭酸水とアルカリ性の重そう水は，リトマス紙の色の変化で区別でき，中性の食塩水は，リトマス紙の色の変化がなく，他と区別できるから。

研究３　課題１．表…右表　Aを選んだ場合の説明…AのロケットはBのロケットより，平均値が１m，中央値も 0.5m大きいので，Aのロケットのほうが遠くへ飛ぶと考えられるから。

	平均値(m)	中央値(m)	最頻値(m)
Aのロケット	11.5	11	11
Bのロケット	10.5	10.5	14

Bを選んだ場合の説明…BのロケットはAのロケットより，最頻値が３m大きいので，Bのロケットのほうが遠くへ飛ぶと考えられるから。
課題２．説明…①の積み木と②の積み木を１つずつ組み合わせると，横 10 ㎝，たて４㎝，高さ２㎝の直方体ができる。この直方体の辺の長さ 10，４，２の最小公倍数は 20 なので，１辺 20 ㎝の立方体を作ることができる。このとき，組み合わせてできた直方体は，20÷10＝２，横に２個，20÷４＝５，たてに５個，
20÷２＝10，上に 10 個，積むことになるので，２×５×10＝100，100 個必要になる。この直方体は，①の積み木と②の積み木を１つずつ組み合わせているので，①の積み木と②の積み木は，それぞれ 100 個ずつ必要になる。
答…20，100，100

《解　説》

研究１

課題１　解答例以外でも，以下のように考えることができる。

図２は，横の長さがたての長さの，$\frac{5.6}{3.6}=\frac{14}{9}$(倍)，「標準」は，横の長さがたての長さの，$\frac{4}{3}=\frac{12}{9}$(倍)，「ワイド画面」は，横の長さがたての長さの，$\frac{16}{9}$倍となる。$\frac{12}{9}<\frac{14}{9}<\frac{16}{9}$だから，図２は「標準」よりも横長，「ワイド画面」は図２よりも横長になるので，「標準」は図２のたて，「ワイド画面」は図２の横の長さに合わせて映し出すと，面積が最大になる。

「標準」はたてが3.6ｍなので，横は$3.6\times\frac{4}{3}=4.8$(ｍ)，面積は$3.6\times4.8=17.28$(㎡)となる。

「ワイド画面」は横が5.6ｍなので，たては$5.6\times\frac{9}{16}=3.15$(ｍ)，面積は$5.6\times3.15=17.64$(㎡)となる。

よって，「ワイド画面」を選べばよい。

課題２　(全国のみかんのしゅうかく量)×(その年の和歌山県のみかんのしゅうかく量の割合)で，2019年と2003年の和歌山県のみかんのしゅうかく量をそれぞれ求める。

研究２

課題１　蒸散はおもに葉にある気孔(きこう)から水蒸気が出ていく現象である。ＡとＣの結果だけでは，ポトスが水を吸い上げたということは考えられるが，その水が葉から出ていったかどうかまではわからない。解答例の実験を行い，かぶせたふくろの内側に水てきがつけば，葉から水蒸気が出てきた，つまり蒸散が起こったといえる。

課題３　においがした水よう液は酸性のうすい塩酸かアルカリ性のうすいアンモニア水のどちらかであり，においがしない水よう液は酸性の炭酸水，中性の食塩水，アルカリ性の重そう水のいずれかである。それぞれの仲間の中には同じ性質の水よう液がないから，それぞれの水よう液の性質がわかれば５種類の水よう液を区別することができる。水よう液の性質は，ＢＴＢ液(酸性で黄色，中性で緑色，アルカリ性で青色になる)などでも調べることができる。

研究３

課題１　平均値は，(記録の合計)÷(回数)で求められる。20÷２＝10より，中央値は，大きさ順で10番目と11番目の記録の平均である。最頻値は，最も多く出た記録である。

課題２　①と②の積み木は，どちらも４㎝×２㎝の面があるので，この面で合わせると，横が３＋７＝10(㎝)，たてが４㎝，高さが２㎝の直方体ができる。

《解答例》

一 （例文）

筆者は、「人前で話すことがとにかく苦手だ」「これは一生、変わらないようだ」と述べています。

しかし、筆者は、苦手な講演会の依頼を数多く受けたことで、「いろいろな場所、組織、人にお会いさせていただくことができた」「自分の想像を超えたところで経験をすることは大きな刺激になるし、次へ進んでいく推進力にもなる」と感じています。また、筆者は、「切り替えを早くしたり、行き詰った状況を打開するには転機のきっかけをつくるのが重要だと考えている」と述べています。これは、将棋の対局だけでなく、誰の人生にも活かせることだと思います。「誰でもダメなもの、苦手なものはある」が、それを理由に自分で自分の限界を決めなければ、「訪れる転機の回数も増える」と筆者は考えています。そして、このように感じたことが理由で、人前で話をすることを「避けずに受けるのも大事なことではないかと思うようになってきた」と述べているのだと思います。

私は、筆者と同じで、人前で話をするのが苦手でした。しかし、児童会の役員になり、人前で話す機会をたくさん得ました。そして何度も人前で話しているうちに、苦手意識がなくなっていきました。また、先生方や地域の大人たちと交流することもできました。これらの経験は、自分の成長につながったと思います。今では、積極的に人と関わり、人前で堂々と話せるようになりました。人前に立つことが多い児童会の役員を避けずに受けたことが、私の転機になったと考えています。

《解答例》

研究１　課題１．人工　　課題２．電池を交かんして生き返らせようと考えた　　課題３．(例文)日々成長し花をさかせてくれる庭の草やまわりの樹木のように、実をつけたり、種を残したりすること。

研究２　課題１．説明…あきらさんとみどりさんの提案を両方取り入れて，発表会の時間を考えると，
開会式と閉会式の時間は，３×２＝６(分間)　交代の時間は全部で，２×４＝８(分間)
休けいの時間は，10分間　５つの委員会が発表する時間は，10×５＝50(分間)
児童会が発表する時間は15分間だから，発表会の時間は，６＋８＋10＋50＋15＝89(分間)となる。
あきらさんとみどりさんの提案を両方取り入れると，発表会は89分間となり，85分間より長くなるので，
あきらさんとみどりさんの提案を両方取り入れて，決めた計画どおりに発表会をおこなうことができない。
答…できない
課題２．説明…読書週間中に貸し出した本の冊数の合計は，69.4×５＝347(冊)
貸し出した本の冊数の347冊から，それぞれの曜日の，目標冊数より多かった冊数をひき，目標冊数より少なかった冊数をたすと，347－８－５＋３－12＝325(冊)
325冊は，目標冊数の５日分だから，１日に貸し出す本の目標冊数は，325÷５＝65(冊)　答…65

研究３　課題１．地域にある複数の病院で個人情報を共有することができるため，初めてしん察する病院でも，その人に合った適切な治りょうを，より早くおこなうことができる。　課題２．内閣は，予算案をつくって国会に提出する。国会は，予算案について話し合い，多数決で可決して予算が成立する。　課題３．国会には，国の政治や国民の生活にかかわる重要なことについて決めるはたらきがあり，衆議院と参議院があることで，話し合う機会が増え，しん重に決めることができるから。

研究４　課題１．植物がおこなうはたらき…日光が当たると，二酸化炭素を取り入れ，酸素を出す。　動物がおこなうはたらき…酸素を取り入れ，二酸化炭素を出す。　課題２．ナナホシテントウやアゲハは，よう虫からさなぎになって成虫になり，アキアカネは，よう虫からさなぎにならずに成虫になるというちがいがあるから。
課題３．川が曲がったところの内側は，水の流れがおそく，流れがおそいところに，運ばれた石がたい積するから。

《解　説》

研究１

課題１　「自然」の１～２行後で，「自然のものと人工のものとの違(ちが)いがわかりにくくなってきたためなのでしょうか」と対比的に述べている。

課題２　会話の中で，男の子が「(コンビニで)電池を買ってくるんだ。カブトムシの電池を替(か)えてあげるんだよ」と言っている。ここから，電池を交かんすれば，死んでしまったカブトムシが再び動くようになると思っていたのだとわかる。

課題３　［　　］の中に登場する「自分にじゃれてくるイヌやネコ，動物園の動物たちや，手にすると逃(に)げようとしてもがいている昆虫(こんちゅう)たち」「日々成長し花を咲(さ)かせてくれる庭の草やまわりの樹木」は，生命をもたないものと，どのような点でちがうのかを考えてみよう。

研究２

課題１　あきらさんの提案より，５つの委員会が発表する時間の合計は10×５＝50(分間)であり，みどりさんの提案より，児童会が発表する時間は15分間である。このことと話し合いで決まっていることから，発表会全体でかかる時間を求め，85分以内に行えるかどうかを考えると，解答例のように説明できる。

課題２　解答例の説明以外でも，以下のように説明できる。

月～金曜日までの貸し出した本の冊数は，合計すると，１日に貸し出す本の目標冊数の５倍より，８＋５＋０－３＋12＝22(冊)多い。よって，平均すると，１日ごとに22÷５＝4.4(冊)だけ，１日に貸し出す本の目標冊数より多かったことがわかる。１日に貸し出した本の冊数の平均は69.4冊なのだから，１日に貸し出す本の目標冊数は，69.4－4.4＝65(冊)である。

研究３

課題１　情報ネットワークでつながっているため，以前通院していた地域の病院ＡやＢのしん療情報を見ることができるので，初めて受しんする地域の病院Ｃでも，正確な情報に基づいた適切な治りょうがおこなえることがわかる。

課題２　予算案の議決について，国会で両院が異なる議決をしたときは両院協議会が必ず開かれ，意見が一致しないときは，衆議院の優越によって衆議院の議決が国会の議決となる。

課題３　一院制だと審議が不十分のまま終わってしまう場合もあるが，二院制ならば国民のさまざまな意見を反映させ，話し合いや決定を慎重に行えるという考えに基づき，二院制が採用されている。

研究４

課題１　植物と動物がはたらきをおこなうことで酸素と二酸化炭素をとおしてつながっていることを説明するので，植物の光合成と動物の呼吸の関係を説明すればよい。植物の葉では，日光を受けて，水と二酸化炭素を材料にデンプンと酸素を作り出す。このはたらきを光合成という。また動物は，取り入れた酸素を使って栄養分を分解し，生きるためのエネルギーを得る。このはたらきを呼吸といい，このとき発生する二酸化炭素はからだの外に出される。なお，植物も動物と同様に呼吸を行っている。

課題２　ナナホシテントウとアゲハは卵，よう虫，さなぎ，成虫の順に成長する。このような成長のしかたを完全変態（へんたい）という。これに対し，アキアカネは卵，よう虫，成虫の順に成長する。このような成長のしかたを不完全変態という。

課題３　川が曲がったところの内側では，水の流れがゆるやかで，石や砂がたい積して川原ができやすい。一方，川の曲がっているところの外側では，水の流れが速く，川底や川岸がしん食されてがけができやすい。

《解答例》

研究１　課題１．説明…学校から駐車場まで行くのにかかる時間は，(27－1.5)÷30＝0.85(時間)
１時間は60分だから，60×0.85＝51(分間)　駐車場から森林公園まで行くのにかかる時間は，1.5㎞＝1500m だから，1500÷60＝25(分間)　パン屋での時間は 20 分間なので，学校から森林公園まで行くのにかかる時間は，51＋25＋20＝96(分間)　駐車場にちょうど午後３時に着くには，森林公園を 25 分前の午後２時 35 分に出発する。森林公園では３時間過ごすので，森林公園に着く時刻は午前 11 時 35 分になる。学校を出発するのは，午前 11 時 35 分の 96 分前になるので，午前９時 59 分に出発すればよい。　答…９，59

課題２．説明…Ａを選ぶと，全品 30 円引きになるので，サンドイッチは 300－30＝270(円)，ジュースは 140－30＝110(円)　だから，(270＋110)×７＝2660(円)

Ｂを選ぶと，全品 10％引きになるので，サンドイッチは 300×(１－0.1)＝270(円)，ジュースは 140×(１－0.1)＝126(円)　さらに，サンドイッチを３個買うごとにジュースを１本もらえるから，サンドイッチを７個買うので，ジュースを２本もらえることになり，ジュースは５本買えばよい。だから，270×７＋126×５＝2520(円)

Ｃを選ぶと，わくわくセット 1240 円がさらに 15％引きになるので，1240×(１－0.15)＝1054(円)
わくわくセットを２セット買うと，1054×２＝2108(円)
サンドイッチとジュースはあと１つずつ買えばよい。だから，2108＋300＋140＝2548(円)
Ａ，Ｂ，Ｃの代金の合計を比べると，Ｂがいちばん安い。　答…Ｂ，2520

研究２　課題１．空き缶の中に入れた約 60℃の水が空き缶をあたため，その空き缶が周りの空気をあたためる。あたためられた空気が上に動いて，おおいを回すから。　課題２．60℃の水 100mL に，ミョウバンを 56ｇとかした液の温度を 30℃に下げる。　課題３．スイッチを入れると，電流が流れてコイルが電磁石になり，電磁石に鉄のハンマーが引きつけられてかねをたたく。すると，回路が切れて電流が流れなくなり，コイルが電磁石ではなくなるので，引きつけられていた鉄のハンマーが元の位置にもどり，再び電流が流れる。これをくり返すことでベルが鳴り続ける。

研究３　課題１．右図

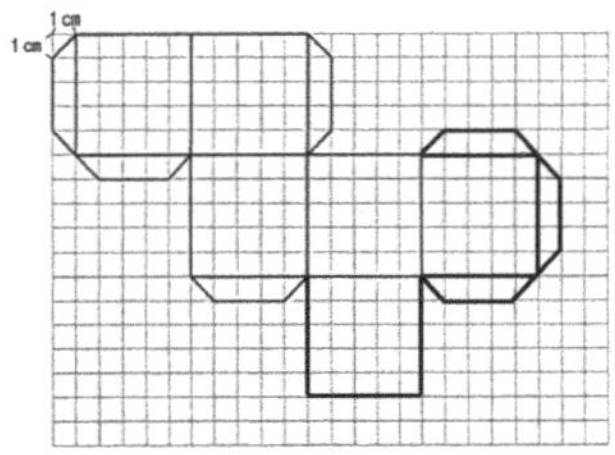

課題２．説明…目が１と６の面は積んだサイコロの数の分だけ見える。
７段の階段の形ができたときのサイコロの数は，
１＋２＋３＋４＋５＋６＋７＝28(個)だから，７段の階段の形ができたとき，目が１と６の面は 28 個ずつ見える。目が２と３と５の面は，段の数の分だけ見える。だから，７段の階段の形ができたとき，目が２と３と５の面は７個ずつ見える。７段の階段の形ができたとき，見える面の目をすべてたすと，
(１＋６)×28＋(２＋３＋５)×７＝266　答…266

《解　説》

研究１

課題１　学校から駐車場までの道のりは 27－1.5＝25.5(㎞)，駐車場から森林公園までの道のりは 1.5㎞＝1500m

これより，学校から駐車場，駐車場から森林公園まで行くのにかかる時間をそれぞれ求めることで，解答例のように説明できる。

課題２　A，B，Cそれぞれのクーポンを使ったときの代金の合計を求める。

Bクーポンを使うときは，ジュースを買う本数が少なくなることに気をつけよう。

研究２

課題１　金属を加熱すると，熱は加熱部分から順に伝わっていき，やがてつながっている部分全体があたたまる。このような熱の伝わり方を伝導という。空き缶の中に約60℃の水を入れると，金属の空き缶を熱が伝わり，まわりの空気をあたためる。あたためられた空気は軽くなって上にあがり，下から新しい空気が流れこんでくる空気の動き(対流)により，おおいが回る。

課題２　表より，水の温度が高いほどミョウバンがとける量は多いので，水の温度を高くしてミョウバンをとかし，その水よう液を冷やしてミョウバンのつぶを取り出す。また，水にとけるミョウバンのつぶの重さは水の重さに比例するので，水 100mL で取り出せるミョウバンのつぶの重さは水 50mL のときの２倍になる。したがって，水 50mL の表では，とける量の差が $40\div2=20$(g)になる２つの水の温度を見つける。60℃で 28g，30℃で８gだから，60℃の水 100mL に，ミョウバンを $28\times2=56$(g)とかした液を冷やして 30℃にすれば，40gのミョウバンのつぶを取り出せる。

課題３　回路がつながってコイルが電磁石になる→鉄のハンマーが引きつけられてかねをたたく→回路が切れて電流が流れなくなる→電磁石ではなくなる→鉄のハンマーが図５の位置にもどる→回路がつながってコイルが電磁石になる…。これがくり返されるので，ベルが鳴り続ける。

研究３

課題１　すでにかかれているのりしろにあたらないように，新しい面をかいて立方体になる展開図をつくると，図ⅰ，ⅱ，ⅲのような展開図が見つかる。のりしろでくっつける辺は，右図の太線でつながれた辺どうしなので，どちらかの辺にのりしろがつくようにかけばよい。

図ⅰ

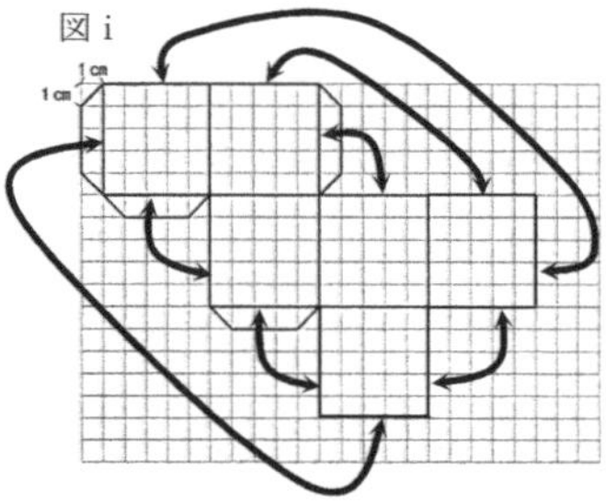

図ⅱ

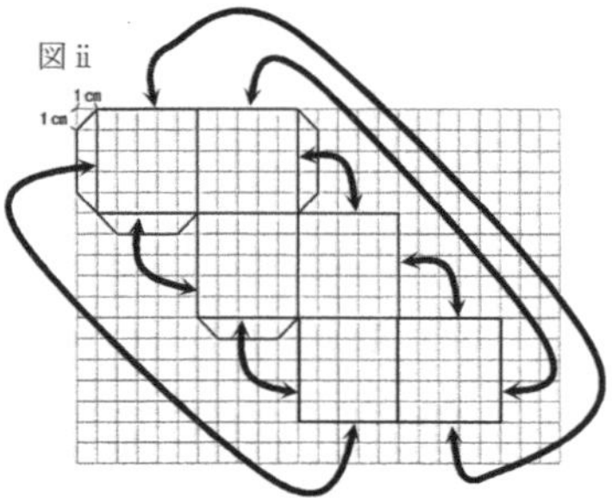

図ⅲ

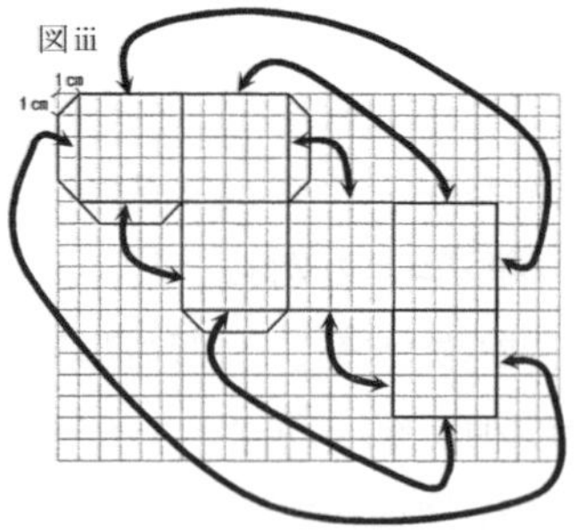

課題２　１段，２段，３段，…と順番に積んでいくと，積むのに必要なサイコロの数は，１個，１＋２(個)，１＋２＋３(個)，…となり，上，右横，左横から見えるサイコロの数は，１個，２個，３個，…となる。よって，解答例のように説明できる。

《解答例》

（例文）

情報を知るだけでは、本物が持つ美しさやリアリティが持つ力を感じることができないので、筆者は「もったいない」と述べているのだと思う。

私は筆者の考えに賛成する。私は、有名な美術作品を歌とアニメで表現するテレビ番組が好きで、家族といっしょによく見ている。中でも「牛乳を注ぐ女」という絵をもとにした回が好きで、インターネットでくり返し動画を見ていた。「牛乳を注ぐ女」は、オランダの画家、フェルメールの作品だ。ある時父が、「こんど東京でフェルメール展があって、『牛乳を注ぐ女』も来日するそうだから、冬休みに見に行かないか。」と言った。私はすぐに賛成し、本物の「牛乳を注ぐ女」を見られるのだと、とてもうれしくなった。期待に胸をおどらせて美術館に入り、本物の絵の前に立った。まず、思っていたよりも小さいことにおどろいた。そして、青色の美しさ、青と黄のコントラスト、白い点で表現された光などに目をうばわれた。これが本物なのだという感激ときんちょう感を味わうことができた。あの感動は、一生忘れないと思う。

私は、テレビ番組をきっかけに、本物の作品に出会い、感動することができた。番組を見ただけでは、あの感動は得られなかった。しかし、本物を見るきっかけをあたえてくれたのは番組だ。つまり、表面的な情報や知識は、本物にふれるための入り口になるものだと考えた。入り口に立っただけで通り過ぎてしまったら、その中にある良い物に出会えない。それは「もったいない」ことだと思う。情報をきっかけに、自分で本物にふれ、感じたり考えたりすることが大切だと考える。

和歌山県立中学校　2020 令和2年度　適性検査Ⅰ

《解答例》

研究１　課題１．「みなさんは」「でしょう。」という言葉を使って、語りかけている。　課題２．表面の様子
課題３．何年たってもほとんど色などがかわらず、じょうぶで長もちするから。

研究２　課題１．説明…白色の苗の数と黄色の苗の数の平均が160個だから，白色の苗と黄色の苗をあわせると，160×２＝320(個)　苗は全部で400個だから，赤色の苗の数は，400－320＝80(個)　赤色の苗の数は，黄色の苗の数の$\frac{2}{3}$倍だから，黄色の苗の数は，$80\div\frac{2}{3}=80\times\frac{3}{2}=120$(個)　だから，白色の苗の数は，
320－120＝200(個)
黄色の苗…120　赤色の苗…80　白色の苗…200

課題２．説明…花だんのはしから20㎝未満の場所には植えないので，苗を植えることができる場所の縦の長さは，240－20×２＝200(㎝)，横の長さは，340－20×２＝300(㎝)となる。縦に植える苗と苗の間の数は，200÷20＝10 となるから，縦に植えることができる苗の数は，10＋１＝11(個)　横に植える苗と苗の間の数は，300÷20＝15 となるから，横に植えることができる苗の数は，15＋１＝16(個)　だから，花だんに植えることができるパンジーの苗の数は，11×16＝176(個)
答…176

研究３　課題１．【発表用カード】記号…ア　説明…武士としてはじめて太政大臣になり，政治をおこなった。／宋との貿易を進めた。　番号…④　活やくした時代の古い順…エ→ア→ウ→イ
課題２．①北西　②寺〔別解〕寺院／北東　③北西／郵便局　④病院／北東

研究４　課題１．特ちょう①…体は頭・胸・腹の３つの部分からできている。　特ちょう②…胸には６本のあしがついている。　生き物…クロヤマアリ／モンシロチョウ　課題２．海の底でできた地層が，長い年月の間におし上げられたから。　課題３．車の外側の空気にふくまれていた水蒸気が，車の中の冷たい空気によって冷やされたガラスにふれて結ろしたから。

《解　説》

研究１　著作権に関係する弊社の都合により本文を非掲載としておりますので、解説を省略させていただきます。ご不便をおかけし申し訳ございませんが、ご了承ください。

研究２

課題１　白色と黄色の苗の数の合計は，白色と黄色の苗の数の平均の２倍である。また，赤色の苗の数は，苗の数の合計から，白色と黄色の苗の数の合計を引けばよい。

課題２　2.4ｍ＝240㎝，3.4ｍ＝340㎝より，実際にパンジーを20㎝間かくで植えると，右図の破線の交わったところに植えることができるので，解答例のような理由で求めることができる。

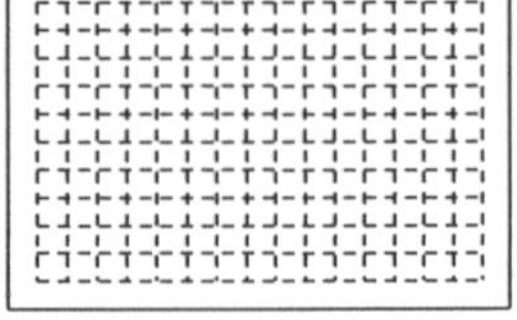

研究３

課題１　解答例以外に，イの徳川家光を選んだ場合は，人物の説明が「江戸幕府の３代将軍である。」「参勤交代の制度を初めて武家諸法度に追加した。」などとなり，関係の深い建物は①の日光東照宮になる。栃木県にある日光東照宮は，徳川家光の祖父にあたる徳川家康を祀ってある。ウの足利義満を選んだ場合は，人物の説明が「室

町幕府の３代将軍である。」「明との勘合貿易を始めた。」などとなり，関係の深い建物は③の金閣になる。正式な貿易船と倭寇とを区別するために，勘合という合い札を使ったために日明貿易は勘合貿易とも呼ばれる。エの鑑真を選んだ場合は，人物の説明が「聖武天皇に招かれて戒律を伝えるために来日した。」「何度も渡航に失敗しながらもついに来日に成功した唐の僧である。」などとなり，関係の深い建物は②の唐招提寺となる。また，活躍した時代の古い順に並べると，エ(奈良時代)→ア(平安時代末期)→ウ(室町時代)→イ(江戸時代)である。

課題２　上が北を示しているので，左上は北西，右上は北東にあたる。それぞれの地図記号は，寺院(卍)，郵便局(〶)，病院(⛨)，市役所(◎)である。これ以外にのっている地図記号は，小中学校(文)，博物館(🏛)である。

研究４

課題１　４種類の生き物はすべて，背骨がない無セキツイ動物のなかまで，からだやあしに節があり，からだがかたいからでおおわれている節足動物である。節足動物はさらに，ダンゴムシなどの甲殻類(こうかくるい)，クロヤマアリやモンシロチョウなどのこん虫類，コガネグモなどのクモ類などに分類することができる。

課題２　砂の層から海にすんでいた貝の化石が見つかったから，この場所はかつて海の底にあったと考えられる。ヒマラヤ山脈をつくる地層からも，海にすんでいた生物の化石が見つかっていて，ヒマラヤ山脈も海の底でできた地層が，おし上げられてできたと考えられている。

課題３　一定体積あたりの空気にふくむことができる水蒸気の量は決まっていて，温度が低いときほどその量は少なくなる。あたたかい空気が冷やされると，ふくむことができる水蒸気の量が少なくなり，空気中にふくみきれなくなった水蒸気が水滴(すいてき)となって出てくる。これが結ろである。結ろするのは，あたたかい空気がある方で，夏にエアコンをつけた車内では窓の外側にあたたかい空気があるので，外側が結ろする。なお，冬にエアコンをつけた車内では窓の内側にあたたかい空気があるので，内側が結ろする。

《解答例》

研究１ 課題１．説明…１班の面積は，10×３＝30(㎡)

２班の面積は，３×13＝39　６×３＝18　１×２÷２＝１　４×２÷２＝４　39＋18＋１－４＝54(㎡)

３班の面積は，３×８＝24(㎡)

各班の観覧スペースのこみぐあいを，１人あたりの面積でくらべると，

１班のこみぐあいは，30÷25＝1.2　１人あたり 1.2 ㎡

２班のこみぐあいは，54÷45＝1.2　１人あたり 1.2 ㎡

３班のこみぐあいは，24÷20＝1.2　１人あたり 1.2 ㎡

１人あたりの面積はどの班も 1.2 ㎡となる。

答…同じになる

課題２．説明…食料も水も備えていないと答えた人がアンケートに答えた人数の 22%にあたる 110 人なので，

アンケートに答えた全体の人数は，110÷0.22＝500(人)

食料を備えていると答えた人は，500×0.65＝325(人)

食料を備えていないと答えた人は，500×0.35＝175(人)

水を備えていると答えた人は，500×0.6＝300(人)

水を備えていないと答えた人は，500×0.4＝200(人)

これらのことを表にすると次のようになる。

	水を備えている	水を備えていない	合計
食料を備えている	235 人	90 人	325 人
食料を備えていない	65 人	110 人	175 人
合計	300 人	200 人	500 人

答…235

研究２ 課題１．右図　　課題２．説明…あきらさんの考えた形の面積は，

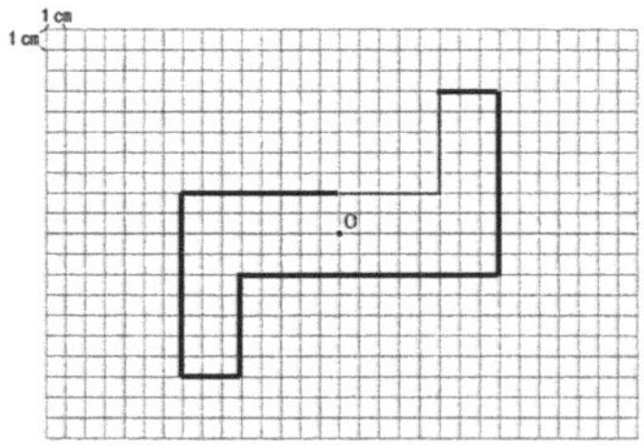

(６＋３)×(４＋２)＝54　４×２＝８　３×２＝６　54－８－６＝40(㎠)

あきらさんの考えた形の厚紙の重さは 1.8 g，和歌山県の$\frac{1}{1000000}$の地図の形の厚紙の重さは 2.16 g だから，2.16÷1.8＝1.2 より，和歌山県の$\frac{1}{1000000}$の地図の形の厚紙の重さは，あきらさんの考えた形の厚紙の重さの 1.2 倍となる。厚紙の面積は重さに比例するから，40×1.2＝48 より，和歌山県の$\frac{1}{1000000}$の地図の形の厚紙の面積は 48 ㎠となる。$\frac{1}{1000000}$の地図上の１㎝は，１×1000000＝1000000 だから，実際には 1000000 ㎝＝10 ㎞となるので，$\frac{1}{1000000}$の地図上の１㎠は，10×10＝100(㎢)となる。

だから，$\frac{1}{1000000}$の地図上の 48 ㎠は，100×48＝4800(㎢)となる。

答…4800

研究３ 課題１．記号…イ　理由…虫めがねで日光を集めるので，どちらも温度は高くなるが，Ｂのほうがゝよりも，多くの日光を集めているから。　　課題２．朝虹が見えるとき，太陽は東の空に見え，西の方は雨が降っている。夕虹が見えるとき，太陽は西の空に見え，西の方は晴れている。天気はおよそ西から東へ変化していくので，朝虹の後は雨が降り，夕虹の次の日は晴れることが多いと考えられる。　　課題３．加える手順…①，②

手順…ＡとＢのそれぞれ数か所から葉をつみ取って，それぞれの葉にでんぷんがないことを確かめる。

理由…Ａの箱を取りのぞく前に，ＡとＢのどちらの葉にもでんぷんがないことを確認しておかないと，日光を当てた葉にあるでんぷんが，前日から残っていたものか，日光が当たってできたものかわからないから。

《解　説》

研究１

課題１　解答例のように，(各班の観覧スペースの面積)÷(各班の参加人数)で各班の１人あたりの面積を求めてもよいが，各班の観覧スペースの面積の比が，各班の人数の比と等しくなることを説明してもよい。

各班の人数の比は，25：45：20＝５：９：４，各班の観覧スペースの面積の比は，30：54：24＝５：９：４だから，こみぐあいは同じになる。
なお，２班の観覧スペースの面積は，次のように求めることもできる。
図Ｉのように線を引く(色付き部分が２班の観覧スペースである)。図Ｉの矢印の向きに図形を移動させると図Ⅱになり，２班の観覧スペースは，たて５m，横３mの長方形と，たて３m，横13mの長方形の面積の和に等しいことがわかるので，２班の観覧スペースの面積は，
５×３＋３×13＝(５＋13)×３＝18×３＝54(㎡)である。

図Ｉ
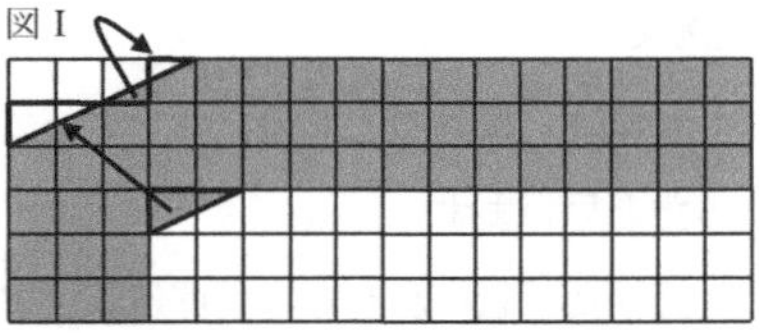

図Ⅱ
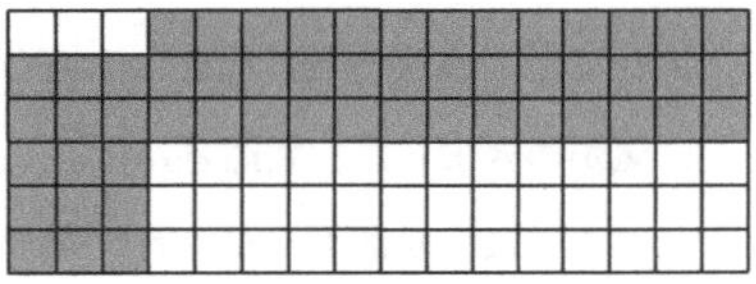

課題２　解答例のようにアンケートに答えた全体の人数を求めた後は，以下のように考えることもできる。

アンケートより，食料と水を備えている人の割合は，右表のようにまとめることができる(○が蓄えている人，×が蓄えていない人の割合である)。㋐は35－22＝13(%)，㋑は60－13＝47(%)なので，求める人数は，500×$\frac{47}{100}$＝235(人)である。

		水 ○	水 ×	合計
食料	○	㋑		65%
食料	×	㋐	22%	35%
合計		60%	40%	100%

研究２

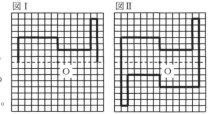

課題１　１つの点を中心に180度回転させたとき，もとの図形にぴったり重なる図形を点対称な図形という。よって，次のように考えられる。まわりの長さが60㎝なので，右図Ｉのように，破線より上側に，破線に対して２つの点で交わり，長さの合計が60÷２＝30(㎝)となるような太線を，すでに書かれている線が図形の一部になるように引く。このとき，破線と交わった２つの点を結んだ線の真ん中の点がＯになるようにする。次に，図Ⅱのように太線を，Ｏを中心として180度回転させてできる図形を書く。この手順で書いた図形ならば，解答例以外の形になってもよい。また，Ｏを通るたて線を破線にして考えてもよい。

図Ｉ
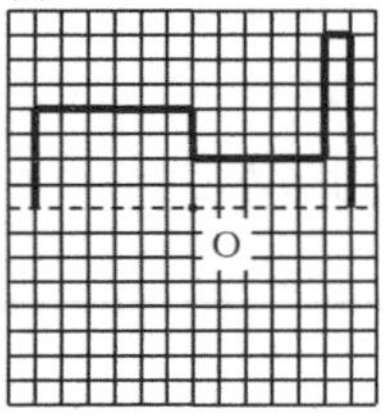

図Ⅱ
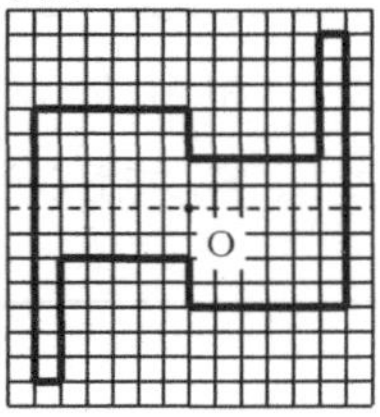

課題２　１㎞＝1000m＝(1000×100)㎝＝100000㎝なので，地図上の１㎝は実際には１×1000000＝1000000(㎝)，つまり，$\frac{1000000}{100000}$㎞＝10㎞となる。よって，地図上の１㎠は実際には10㎞×10㎞＝100㎢となるので，あきらさんの考えた形の面積を求め，厚紙の面積は重さに比例することを利用すると，解答例のように解くことができる。

研究３

課題１　Ａでは，黒い紙をのせたところに当たった日光はレンズを通らないので，その分Ｂよりもレンズを通る日光の量が少なく，Ｂよりも温度が上がりにくくなる。

課題２　虹(にじ)は，太陽の光が空気中にある水滴(すいてき)で折れ曲がったり反射したりすることで見ることができる。虹が太陽と反対の方向に見えること，太陽が朝，東の地平線からのぼり，夕方，西の地平線にしずんでいくこと，日本の上空には強い西風(偏西風(へんせいふう))がふいていて，天気が西から東へ変化することなどをもとに，まとめればよい。

課題３　加えた手順によって葉にでんぷんが残っていないことを確認した上で，手順③の結果が，Ａではヨウ素液が青むらさき色になり，Ｂではヨウ素液の色が変化しなければ，シロツメクサの葉も，日光が当たるとでんぷんをつくると考えてよい。

《解答例》

(例文)

私は、二度目のアジのプレゼントがなければ、「私」と「私」の家族と同じで、武爺さんの心遣いに気がつかなかったと思います。

最初に「私」がもらった真新しいアジはどれも十五センチぐらいの見事なものだったので、武爺さんの釣ったアジはみなそのくらいの大きなものだったのだろうと思いこみました。しかし、二度目のアジは、武爺さんの家族用に煮たアジで、せいぜい七、八センチの小アジばかりでした。このとき、初めて「私」と「私」の家族は武爺さんの心遣いに気がつきました。武爺さんは、まず「私」の家に最も大きな立派なアジを持ってきてくれていたのです。

このことは、武爺さんがマロングラッセのお礼にと二度目のアジを届けてくれたので、ぐう然気づくことができましたが、武爺さんは、そのことについて一言も話しはしませんでした。武爺さんは自分の心遣いに気づいてほしいとは思っていないのです。

また、武爺さんは「自分の釣ってきたアジをすそ分けしただけなのに、あんな立派なお菓子をもらったのでは、何とも申しわけありません」「夕飯のおかずの足しにでもしてもらえたら有難い」と言っています。この言い方にも、武爺さんのけんきょな人がらが表れていると思います。

私は、武爺さんのこの心遣いとけんきょさに感動しました。心遣いとは、相手に気づかれようとしてするものではなく、相手に気づかれないようにしてこそ本物なのだと教えられました。そして、私も、たとえ相手に気づかれなくても、喜んでもらえるような心遣いのできる人になりたいと思いました。

■ ご使用にあたってのお願い・ご注意

（1）問題文等の非掲載

著作権上の都合により，問題文や図表などの一部を掲載できない場合があります。

誠に申し訳ございませんが，ご了承くださいますようお願いいたします。

（2）過去問における時事性

過去問題集は，学習指導要領の改訂や社会状況の変化，新たな発見などにより，現在とは異なる表記や解説になっている場合があります。過去問の特性上，出題当時のままで出版していますので，あらかじめご了承ください。

（3）配点

学校等から配点が公表されている場合は，記載しています。公表されていない場合は，記載していません。

独自の予想配点は，出題者の意図と異なる場合があり，お客様が学習するうえで誤った判断をしてしまう恐れがあるため記載していません。

（4）無断複製等の禁止

購入された個人のお客様が，ご家庭でご自身またはご家族の学習のためにコピーをすることは可能ですが，それ以外の目的でコピー，スキャン，転載（ブログ，ＳＮＳなどでの公開を含みます）などをすることは法律により禁止されています。学校や学習塾などで，児童生徒のためにコピーをして使用することも法律により禁止されています。

ご不明な点や，違法な疑いのある行為を確認された場合は，弊社までご連絡ください。

（5）けがに注意

この問題集は針を外して使用します。針を外すときは，けがをしないように注意してください。また，表紙カバーや問題用紙の端で手指を傷つけないように十分注意してください。

（6）正誤

制作には万全を期しておりますが，万が一誤りなどがございましたら，弊社までご連絡ください。

なお，誤りが判明した場合は，弊社ウェブサイトの「ご購入者様のページ」に掲載しておりますので，そちらもご確認ください。

■ お問い合わせ

解答例，解説，印刷，製本など，問題集発行におけるすべての責任は弊社にあります。

ご不明な点がございましたら，弊社ウェブサイトの「お問い合わせ」フォームよりご連絡ください。迅速に対応いたしますが，営業日の都合で回答に数日を要する場合があります。

ご入力いただいたメールアドレス宛に自動返信メールをお送りしています。自動返信メールが届かない場合は，「よくある質問」の「メールの問い合わせに対し返信がありません。」の項目をご確認ください。

また弊社営業日（平日）は，午前９時から午後５時まで，電話でのお問い合わせも受け付けています。

2025春

株式会社教英出版
〒422-8054　静岡県静岡市駿河区南安倍３丁目 12-28
TEL　054-288-2131　　FAX　054-288-2133
URL　https://kyoei-syuppan.net/
MAIL siteform@kyoei-syuppan.net

教英出版

神奈川県

①［県立］相模原中等教育学校
　　　　平塚中等教育学校
②［市立］南高等学校附属中学校
③［市立］横浜サイエンスフロンティア高等学校附属中学校
④［市立］川崎高等学校附属中学校
✿⑤聖光学院中学校
✿⑥浅野中学校
⑦洗足学園中学校
⑧法政大学第二中学校
⑨逗子開成中学校（１次）
⑩逗子開成中学校（2·3次）
⑪神奈川大学附属中学校（第1回）
⑫神奈川大学附属中学校（第2·3回）
⑬栄光学園中学校
⑭フェリス女学院中学校

新潟県

①［県立］村上中等教育学校
　　　　柏崎翔洋中等教育学校
　　　　燕中等教育学校
　　　　津南中等教育学校
　　　　直江津中等教育学校
　　　　佐渡中等教育学校
②［市立］高志中等教育学校
③新潟第一中学校
④新潟明訓中学校

石川県

①［県立］金沢錦丘中学校
②星稜中学校

福井県

①［県立］高志中学校

山梨県

①山梨英和中学校
②山梨学院中学校
③駿台甲府中学校

長野県

①［県立］屋代高等学校附属中学校
　　　　諏訪清陵高等学校附属中学校
②［市立］長野中学校

岐阜県

①岐阜東中学校
②鶯谷中学校
③岐阜聖徳学園大学附属中学校

静岡県

①［国立］静岡大学教育学部附属中学校
　　　　（静岡·島田·浜松）
②［県立］清水南高等学校中等部
　［県立］浜松西高等学校中等部
　［市立］沼津高等学校中等部
③不二聖心女子学院中学校
④日本大学三島中学校
⑤加藤学園暁秀中学校
⑥星陵中学校
⑦東海大学付属静岡翔洋高等学校中等部
⑧静岡サレジオ中学校
⑨静岡英和女学院中学校
⑩静岡雙葉中学校
⑪静岡聖光学院中学校
⑫静岡学園中学校
⑬静岡大成中学校
⑭城南静岡中学校
⑮静岡北中学校
⑯常葉大学附属常葉中学校
　常葉大学附属橘中学校
　常葉大学附属菊川中学校
⑰藤枝明誠中学校
⑱浜松開誠館中学校
⑲静岡県西遠女子学園中学校
⑳浜松日体中学校
㉑浜松学芸中学校

愛知県

①［国立］愛知教育大学附属名古屋中学校
②愛知淑徳中学校
③名古屋経済大学市邨中学校
　名古屋経済大学高蔵中学校
④金城学院中学校
⑤椙山女学園中学校
⑥東海中学校
⑦南山中学校男子部
⑧南山中学校女子部
⑨聖霊中学校
⑩滝中学校
⑪名古屋中学校
⑫大成中学校
⑬愛知中学校
⑭星城中学校
⑮名古屋葵大学中学校
　（名古屋女子大学中学校）
⑯愛知工業大学名電中学校
⑰海陽中等教育学校（特別給費生）
⑱海陽中等教育学校（I·II）
⑲中部大学春日丘中学校
新刊⑳名古屋国際中学校

三重県

①［国立］三重大学教育学部附属中学校
②暁中学校
③海星中学校
④四日市メリノール学院中学校
⑤高田中学校
⑥セントヨゼフ女子学園中学校
⑦三重中学校
⑧皇學館中学校
⑨鈴鹿中等教育学校
⑩津田学園中学校

滋賀県

①［国立］滋賀大学教育学部附属中学校
②［県立］河瀬中学校
　　　　守山中学校
　　　　水口東中学校

京都府

①［国立］京都教育大学附属桃山中学校
②［府立］洛北高等学校附属中学校
③［府立］園部高等学校附属中学校
④［府立］福知山高等学校附属中学校
⑤［府立］南陽高等学校附属中学校
⑥［市立］西京高等学校附属中学校
⑦同志社中学校
⑧洛星中学校
⑨洛南高等学校附属中学校
⑩立命館中学校
⑪同志社国際中学校
⑫同志社女子中学校（前期日程）
⑬同志社女子中学校（後期日程）

大阪府

①［国立］大阪教育大学附属天王寺中学校
②［国立］大阪教育大学附属平野中学校
③［国立］大阪教育大学附属池田中学校

④[府立]富田林中学校
⑤[府立]咲くやこの花中学校
⑥[府立]水都国際中学校
⑦清風中学校
⑧高槻中学校（A日程）
⑨高槻中学校（B日程）
⑩明星中学校
⑪大阪女学院中学校
⑫大谷中学校
⑬四天王寺中学校
⑭帝塚山学院中学校
⑮大阪国際中学校
⑯大阪桐蔭中学校
⑰開明中学校
⑱関西大学第一中学校
⑲近畿大学附属中学校
⑳金蘭千里中学校
㉑金光八尾中学校
㉒清風南海中学校
㉓帝塚山学院泉ヶ丘中学校
㉔同志社香里中学校
㉕初芝立命館中学校
㉖関西大学中等部
㉗大阪星光学院中学校

兵庫県

①[国立]神戸大学附属中等教育学校
②[県立]兵庫県立大学附属中学校
③雲雀丘学園中学校
④関西学院中学部
⑤神戸女学院中学部
⑥甲陽学院中学校
⑦甲南中学校
⑧甲南女子中学校
⑨灘中学校
⑩親和中学校
⑪神戸海星女子学院中学校
⑫滝川中学校
⑬啓明学院中学校
⑭三田学園中学校
⑮淳心学院中学校
⑯仁川学院中学校
⑰六甲学院中学校
⑱須磨学園中学校(第1回入試)
⑲須磨学園中学校(第2回入試)
⑳須磨学園中学校(第3回入試)
㉑白陵中学校
㉒夙川中学校

奈良県

①[国立]奈良女子大学附属中等教育学校
②[国立]奈良教育大学附属中学校
③[県立]
- 国際中学校
- 青翔中学校

④[市立]一条高等学校附属中学校
⑤帝塚山中学校
⑥東大寺学園中学校
⑦奈良学園中学校
⑧西大和学園中学校

和歌山県

①[県立]
- 古佐田丘中学校
- 向陽中学校
- 桐蔭中学校
- 日高高等学校附属中学校
- 田辺中学校

②智辯学園和歌山中学校
③近畿大学附属和歌山中学校
④開智中学校

岡山県

①[県立]岡山操山中学校
②[県立]倉敷天城中学校
③[県立]岡山大安寺中等教育学校
④[県立]津山中学校
⑤岡山中学校
⑥清心中学校
⑦岡山白陵中学校
⑧金光学園中学校
⑨就実中学校
⑩岡山理科大学附属中学校
⑪山陽学園中学校

広島県

①[国立]広島大学附属中学校
②[国立]広島大学附属福山中学校
③[県立]広島中学校
④[県立]三次中学校
⑤[県立]広島叡智学園中学校
⑥[市立]広島中等教育学校
⑦[市立]福山中学校
⑧広島学院中学校
⑨広島女学院中学校
⑩修道中学校
⑪崇徳中学校
⑫比治山女子中学校
⑬福山暁の星女子中学校
⑭安田女子中学校
⑮広島なぎさ中学校
⑯広島城北中学校
⑰近畿大学附属広島中学校福山校
⑱盈進中学校
⑲如水館中学校
⑳ノートルダム清心中学校
㉑銀河学院中学校
㉒近畿大学附属広島中学校東広島校
㉓AICJ中学校
㉔広島国際学院中学校
㉕広島修道大学ひろしま協創中学校

山口県

①[県立]
- 下関中等教育学校
- 高森みどり中学校

②野田学園中学校

徳島県

①[県立]
- 富岡東中学校
- 川島中学校
- 城ノ内中等教育学校

②徳島文理中学校

香川県

①大手前丸亀中学校
②香川誠陵中学校

愛媛県

①[県立]
- 今治東中等教育学校
- 松山西中等教育学校

②愛光中学校
③済美平成中等教育学校
④新田青雲中等教育学校

高知県

①[県立]
- 安芸中学校
- 高知国際中学校
- 中村中学校

福　岡　県

①［国立］福岡教育大学附属中学校（福岡・小倉・久留米）
②［県立］
- 育徳館中学校
- 門司学園中学校
- 宗像中学校
- 嘉穂高等学校附属中学校
- 輝翔館中等教育学校

③西南学院中学校
④上智福岡中学校
⑤福岡女学院中学校
⑥福岡雙葉中学校
⑦照曜館中学校
⑧筑紫女学園中学校
⑨敬愛中学校
⑩久留米大学附設中学校
⑪飯塚日新館中学校
⑫明治学園中学校
⑬小倉日新館中学校
⑭久留米信愛中学校
⑮中村学園女子中学校
⑯福岡大学附属大濠中学校
⑰筑陽学園中学校
⑱九州国際大学付属中学校
⑲博多女子中学校
⑳東福岡自彊館中学校
㉑八女学院中学校

佐　賀　県

①［県立］
- 香楠中学校
- 致遠館中学校
- 唐津東中学校
- 武雄青陵中学校

②弘学館中学校
③東明館中学校
④佐賀清和中学校
⑤成穎中学校
⑥早稲田佐賀中学校

長　崎　県

①［県立］
- 長崎東中学校
- 佐世保北中学校
- 諫早高等学校附属中学校

②青雲中学校
③長崎南山中学校
④長崎日本大学中学校
⑤海星中学校

熊　本　県

①［県立］
- 玉名高等学校附属中学校
- 宇土中学校
- 八代中学校

②真和中学校
③九州学院中学校
④ルーテル学院中学校
⑤熊本信愛女学院中学校
⑥熊本マリスト学園中学校
⑦熊本学園大学付属中学校

大　分　県

①［県立］大分豊府中学校
②岩田中学校

宮　崎　県

①［県立］五ヶ瀬中等教育学校
②［県立］
- 宮崎西高等学校附属中学校
- 都城泉ヶ丘高等学校附属中学校

③宮崎日本大学中学校
④日向学院中学校
⑤宮崎第一中学校

鹿　児　島　県

①［県立］楠隼中学校
②［市立］鹿児島玉龍中学校
③鹿児島修学館中学校
④ラ・サール中学校
⑤志學館中等部

沖　縄　県

①［県立］
- 与勝緑が丘中学校
- 開邦中学校
- 球陽中学校
- 名護高等学校附属桜中学校

もっと過去問シリーズ

北　海　道

北嶺中学校
7年分（算数・理科・社会）

静　岡　県

静岡大学教育学部附属中学校
（静岡・島田・浜松）
10年分（算数）

愛　知　県

愛知淑徳中学校
7年分（算数・理科・社会）
東海中学校
7年分（算数・理科・社会）
南山中学校男子部
7年分（算数・理科・社会）
南山中学校女子部
7年分（算数・理科・社会）
滝中学校
7年分（算数・理科・社会）
名古屋中学校
7年分（算数・理科・社会）

岡　山　県

岡山白陵中学校
7年分（算数・理科）

広　島　県

広島大学附属中学校
7年分（算数・理科・社会）
広島大学附属福山中学校
7年分（算数・理科・社会）
広島学院中学校
7年分（算数・理科・社会）
広島女学院中学校
7年分（算数・理科・社会）
修道中学校
7年分（算数・理科・社会）
ノートルダム清心中学校
7年分（算数・理科・社会）

愛　媛　県

愛光中学校
7年分（算数・理科・社会）

福　岡　県

福岡教育大学附属中学校
（福岡・小倉・久留米）
7年分（算数・理科・社会）
西南学院中学校
7年分（算数・理科・社会）
久留米大学附設中学校
7年分（算数・理科・社会）
福岡大学附属大濠中学校
7年分（算数・理科・社会）

佐　賀　県

早稲田佐賀中学校
7年分（算数・理科・社会）

長　崎　県

青雲中学校
7年分（算数・理科・社会）

鹿　児　島　県

ラ・サール中学校
7年分（算数・理科・社会）

※もっと過去問シリーズは国語の収録はありません。

教英出版
〒422-8054
静岡県静岡市駿河区南安倍3丁目12－28
TEL 054-288-2131
FAX 054-288-2133
詳しくは教英出版で検索
教英出版　検索
URL https://kyoei-syuppan.net/

受検番号	

県立古佐田丘中学校
県立向陽中学校
県立桐蔭中学校
県立日高高等学校附属中学校
県立田辺中学校

※100点満点
（配点非公表）

令和６年度

和歌山県立中学校
適性検査Ⅰ

（９：１５～１０：００）

（注意）

1 「はじめ」の合図があるまで，この冊子を開いてはいけません。

2 「はじめ」の合図があったら，まず，受検番号を記入しなさい。

3 適性検査は，どこから始めてもかまいません。

4 解答は，すべてこの冊子の ［　　］ で囲まれた場所に記入しなさい。

5 計算などは，この冊子の余白を使いなさい。

6 印刷が悪くてわからないときや筆記用具を落としたときなどは，だまって手を挙げなさい。

7 時間内に解答が終わっても，そのまま着席していなさい。

8 「やめ」の合図があったら，すぐに解答するのをやめ，冊子の表紙を上にして机の上に置きなさい。

この適性検査には、「みどりさん」と「あきらさん」たちが登場します。
いっしょに、いろいろな課題について考えてみよう。

研究１　言葉について考えよう

みどりさんとあきらさんは、情報をわかりやすく伝えることについて、図書館で話し合っています。

みどり：　伝えたい情報を相手にわかりやすく伝えるって難しいよね。

あきら：　そうだね。わたしは、日記に書いた内容がうまく伝わらないことがあったよ。「昨日お母さんといっしょに買ったドーナツを食べました。」と書いたら、「いつ買ったのかな。」と先生に聞かれたんだ。昨日と書いたのに、なぜ伝わらなかったのだろう。

みどり：　先生に伝わらなかったということは、その文に原因があったのかな。

課題１　――の文のように書くと、「昨日買った」ということが伝わりませんでした。その原因を――の文にある言葉を取り上げて説明してみよう。

みどり：　そういえば、最近、外国からの観光客や留学生、外国から働きに来る人が多くなったというニュースを見かけるよ。わたしの家の近所にも留学生のお兄さんが住んでいるけれど、いろいろな情報は、きちんと伝えられているのかな。

あきら：　そうだね。わたしも気になっていたんだ。こんな資料を探したから、いっしょに読んでみよう。

（資料①）　※には（注）がある。

お詫び

著作権上の都合により、文章は掲載しておりません。

ご不便をおかけし、誠に申し訳ございません。

教英出版

（清水(しみず)　由美(ゆみ)　著『日本語びいき』から…一部省略等がある。）

（注）
- 教訓　＝　教えをよく言い聞かせて話すこと
- 革命　＝　物事が急に大きく変わること
- シンプル　＝　むだなところがないようす
- 明快な　＝　はっきりしていてよくわかるようす
- 簡潔さ　＝　短くてすっきりしていること
- 普及する　＝　広く行きわたる

みどり：　筆者が言うように、「やさしい日本語」という考え方が広まるといいね。ところで、「やさしい日本語」の「やさしい」は、なぜひらがなにしたのかな。

あきら：　それは、漢字で書くよりひらがなのほうが、だれにでもわかりやすいからかな。ただ、わたしは、この「やさしい」という言葉に、二つの意味がこめられていると思うな。

課題2　あきらさんが（資料①）を読んで考えた、ひらがなの「やさしい」という言葉にこめられている「二つの意味」を、次の□の中から最も適切な漢字の組み合わせを選んで、それぞれ二字熟語(じゅくご)で書いてみよう。

熱	切	単	優	簡
配	気	情	間	親

□□ と □□

あきら：　実際に「やさしい日本語」がどのように使われているか、調べてみたよ。この（資料②）は、Ａの文章が一般のニュースで、それを「やさしい日本語」にするとＢの文章のようになるんだよ。

（資料②）

Ａ　外国人高校生に進路を考えてもらうガイダンス

お詫び：著作権上の都合により，掲載しておりません。
ご不便をおかけし，誠に申し訳ございません。
教英出版

NHK「NEWS WEB」から作成

Ｂ　外国人の高校生に自分の将来を考えてもらう会

お詫び：著作権上の都合により，掲載しておりません。
ご不便をおかけし，誠に申し訳ございません。
教英出版

NHK「NEWS WEB EASY」から作成

（注）NPO＝お金をもうけることを目的とせず，社会的活動を行う団体
※NEWS WEB・NEWS WEB EASY＝ニュースのウェブサイト

みどり：　Ｂの文章は、（資料①）で書かれていた大切なことがいかされているね。例えば、「日本語指導」を「日本語を教える」に、「進学率」を「入って勉強を続ける人」に、「進路」を「自分の将来」に、それぞれわかりやすく書きかえていて、漢字も少なくしているね。

あきら：　そうだね。細かい部分に目を向けると、シンプルかつ明快な日本語表現になっているね。ＡとＢの第一段落を比べてみると、ほかにも大切なことがいかされているよ。

課題３　みどりさんの示した例以外で、Ｂの文章の第一段落にいかされている大切なことを（資料①）から言葉や文を取り上げて書いてみよう。ただし、Ａと関連づけることとします。

課題は，次のページに続きます。

研究２　黒石と白石から考えよう

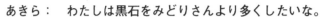

あきらさんとみどりさんは，それぞれ黒石と白石を並べて遊びます。
黒石は180個，白石は150個あります。
あきらさんたちは，黒石と白石をどのように分けるのか相談しています。

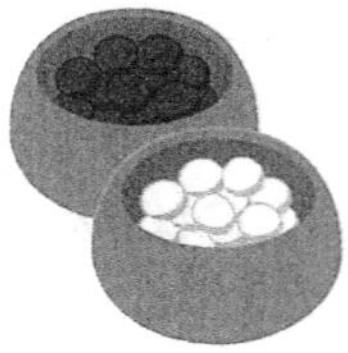

あきら：　わたしは黒石をみどりさんより多くしたいな。
　わたしとみどりさんで分ける黒石の個数の比は，７：５にしよう。
　そして，石をすべて分け終えたときには，２人の手元にある黒石と白石の合計が同じになるようにしよう。

みどり：　あきらさんが提案した分け方で，黒石と白石を分けたとき，２人の黒石と白石の個数はそれぞれいくつになるのかな。

課題１　あきらさんが提案した分け方で，石をすべて分け終えたとき，あきらさんとみどりさんの黒石と白石は，それぞれ何個になりますか。ことばや式などを使って説明してみよう。

説　明

あきらさんの黒石（　　　　　　）個，白石（　　　　　　）個

みどりさんの黒石（　　　　　　）個，白石（　　　　　　）個

あきらさんは，十分な数のマス目を準備し，【石の並べ方】にしたがって，黒石と白石を並べています。

【石の並べ方】

○はじめの形として黒石２個，白石２個を置く。（図１）

（図１）

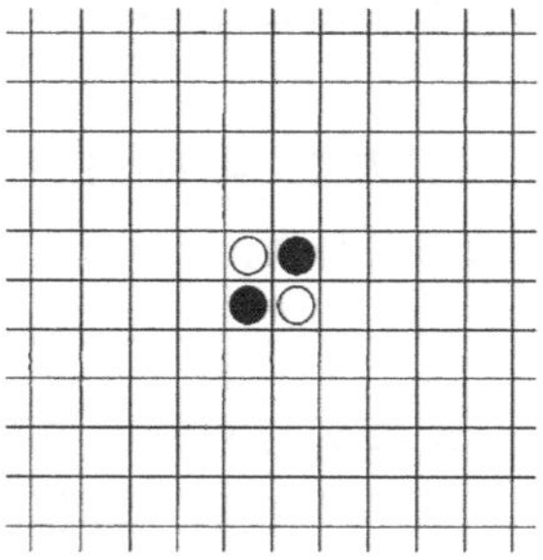

はじめの形

○はじめの形のまわりに黒石を並べ，できた形を１周目の形とする。次に，１周目の形のまわりに白石を並べ，できた形を２周目の形とする。
前の形で並べた石とちがう色の石をまわりに並べ，３周目の形，４周目の形，…と順につくっていく。（図２）

（図２）

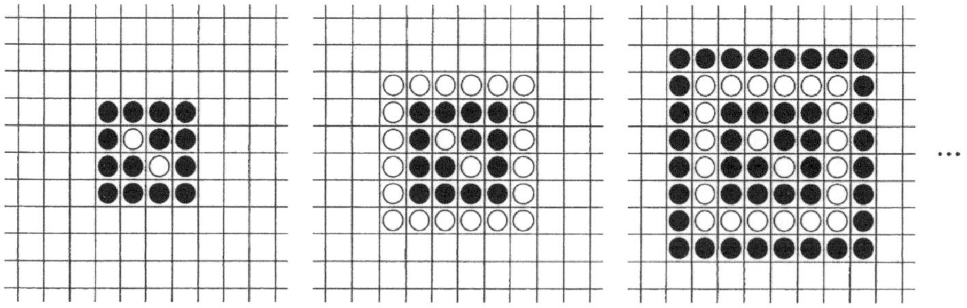

１周目の形　　２周目の形　　３周目の形　　…

あきら：　１周目の形ができたね。いちばん外側の周に黒石が12個並んだよ。

みどり：　石を並べ続けていくと，石が足りなくなるね。
【石の並べ方】にしたがって，10周目の形をつくるには，白石は全部で何個必要なのかな。

あきら：　まずは，５周目の形までのいちばん外側の周に並んだ石の個数を表にかいてみよう。

課題2　【石の並べ方】にしたがって，石を並べていくとき，いちばん外側の周に並んだ石の個数を下の表にかいてみよう。
また，10周目の形をつくるのに，白石は全部で何個必要ですか。ことばや式などを使って説明してみよう。

表

周の数（周）	1	2	3	4	5	
いちばん外側の周に並んだ石の個数（個）						

説　明

10周目の形をつくるのに，白石は全部で（　　　　　　）個必要

研究３　世界の中の日本について考えよう

あきらさんとみどりさんは，タブレット端末(たんまつ)に保存されている，社会科の学習で使った２つの地図を見ながら話をしています。

あきら：　世界には，６つの大陸と３つの大きな海洋があったね。
みどり：　そうだね。（図１）では，６つの大陸のうち２つの大陸が見えているね。
あきら：　わたしたちが住んでいる日本のまわりの地図（図２）を見てみようよ。
みどり：　社会科の学習でしるしをつけた①～④は，日本の東西南北のはしだね。

（図１）

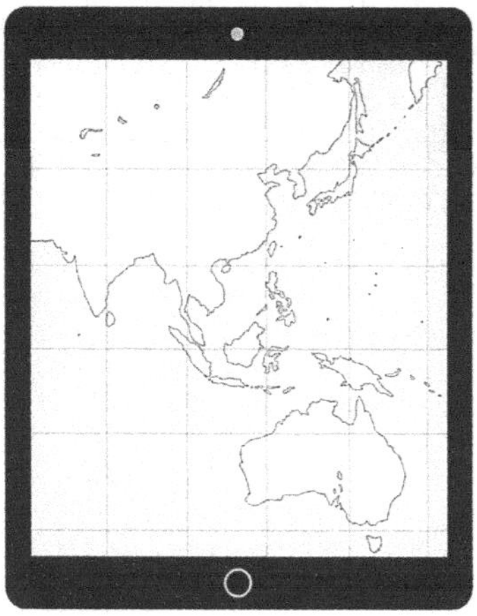

（図２）

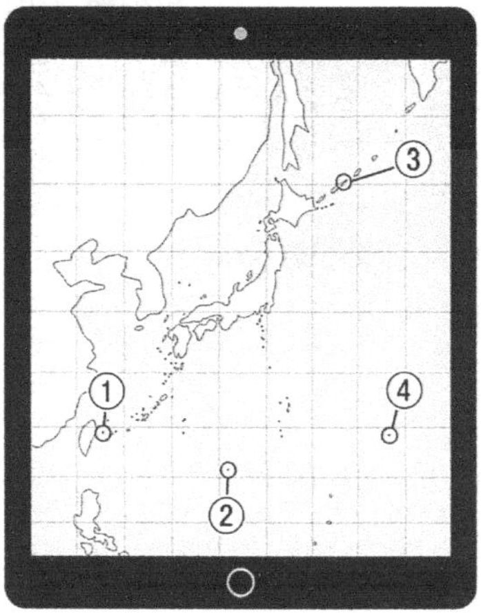

課題１

（１）　（図１）で，見えている大陸の名前を２つ書いてみよう。

大陸の名前	大陸	大陸

（２）　下のア～エは，日本の東西南北のはしの写真と，それぞれの緯度(い)と経度を表したものです。（図２）の①～④にあてはまるものを，下のア～エの中からそれぞれ選び，その記号を表に書いてみよう。

ア

北緯45度33分
東経148度45分

イ

北緯24度27分
東経122度56分

ウ

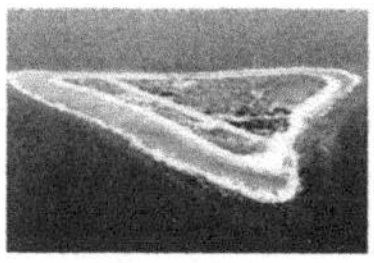

北緯24度17分
東経153度59分

エ

北緯20度26分
東経136度４分

表

（図２）	①	②	③	④
記号				

あきらさんとみどりさんは，歴史で学習した日本と欧米諸国との関係について話をしています。

あきら：　明治時代になると，日本は欧米諸国に追いつこうとしたね。
みどり：　そのために，欧米諸国のような近代的な政治のしくみを整えていったね。
あきら：　大日本帝国憲法の発布も，近代的な政治のしくみを整えたことのひとつだね。
みどり：　その憲法の一部を要約したもの（資料）を見つけたよ。

（資料）

大日本帝国憲法（一部）

第１条　大日本帝国は，永遠に続く同じ家系の天皇が治めるものとする。
第４条　天皇は，国の元首であり，憲法に従って国を統治する権利をもつ。
第29条　国民は，法律に定められたはんい内で，言論・著作・出版・集会・団体をつくることの自由をもつ。

課題2　大日本帝国憲法と，現在の日本国憲法とのちがいを，「主権」という言葉を使い，具体的に説明してみよう。

説　明

あきら：　大日本帝国憲法が発布されたように，日本が近代的な政治のしくみを整えたことは，欧米諸国と対等な関係を築くことにつながったね。
みどり：　明治時代に活やくした，大隈重信と小村寿太郎について，まとめてみようよ。

課題3　大隈重信と小村寿太郎がおこなったことを，下の□の中の語句をそれぞれ２つずつ使って，説明してみよう。

関税自主権	国会の開設	条約改正	憲法の発布
立憲改進党	アメリカ	自由党	ドイツ

説　明

人物	おこなったこと
大隈重信	
小村寿太郎	

研究４　１日の出来事から考えよう

みどりさんとあきらさんは，職場見学で行ったスーパーマーケットで，ポテトチップスのふくろが積まれているのを見ました。(図１)

(図１)

みどり：　いちばん下のポテトチップスのふくろは，上に積まれたものの重みでおされているのに，ふくろのふくらみは保たれているね。

あきら：　いちばん下のふくろは，上に積まれたものにおされることで，体積が小さくなっているはずだよね。

先　生：　そうですね。いちばん下のふくろは，上に積まれたふくろと比べて体積は小さくなっています。

みどり：　上に積まれたものにおされても，いちばん下のふくろのふくらみが保たれるのはどうしてなのかな。

課題１　(図１)のように，上に積まれたものにおされても，いちばん下のポテトチップスのふくろのふくらみが保たれるのは，とじこめた空気の性質が関係しています。どのような性質なのか書いてみよう。

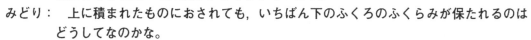

とじこめた空気の性質

みどりさんたちは，学校の中にいろいろな生き物が集まる場所をつくる計画をしています。

みどり：　わたしは，こん虫を観察したいな。
あきら：　いいね。モンシロチョウが飛び回るようすを見たいな。
みどり：　どうすれば，モンシロチョウが飛び回る場所をつくることができるのかな。
先　生：　モンシロチョウと関わりのある植物を植えるといいですよ。

モンシロチョウ

課題2　モンシロチョウが飛び回る場所をつくるため，植えるのに最も適した植物を，下の㋐～㋓の中から１つ選び，その記号を下の □ に書いてみよう。また，その記号を選んだ理由を，モンシロチョウと選んだ植物との関わりから書いてみよう。

㋐ イネ　　㋑ キャベツ　　㋒ ヒョウタン　　㋓ ミカン

記　号 □

理　由

あきらさんは，学校から家に帰って，砂糖(さとう)が入った紅茶(こう)を飲んでいます。

あきら：　あれ，あまりあまくないよ。砂糖を入れてくれたのかな。
お母さん：　角砂糖を２つ入れているよ。砂糖は，紅茶にとけて見えなくなっているだけだよ。
あきら：　とけた砂糖が，本当にすべて紅茶の中にあるのか，確かめてみたいな。
お母さん：　紅茶の水を蒸発させても，砂糖と紅茶の成分が残ってしまうから，砂糖だけを取り出せないね。
あきら：　ほかの方法はあるのかな。
お母さん：　まだ砂糖をとかしていないわたしの紅茶（図２）を使って，考えてごらん。

（図２）

課題３　とけた砂糖が，すべて紅茶の中にあることを確かめるための実験方法を書いてみよう。ただし，紅茶を混ぜるために使用するものはスプーンとし，水の蒸発は考えないものとします。

実験方法

受検番号	

※100点満点
（配点非公表）

令和６年度

和歌山県立中学校
適性検査Ⅱ

（１０：１５～１１：００）

（注　意）

1 「はじめ」の合図があるまで，この冊子を開いてはいけません。

2 「はじめ」の合図があったら，まず，受検番号を記入しなさい。

3 適性検査は，どこから始めてもかまいません。

4 解答は，すべてこの冊子の [ ] で囲まれた場所に記入しなさい。

5 計算などは，この冊子の余白を使いなさい。

6 印刷が悪くてわからないときや筆記用具を落としたときなどは，だまって手を挙げなさい。

7 時間内に解答が終わっても，そのまま着席していなさい。

8 「やめ」の合図があったら，すぐに解答するのをやめ，冊子の表紙を上にして机の上に置きなさい。

この適性検査には，「あきらさん」と「みどりさん」たちが登場します。
いっしょに，いろいろな課題について考えてみよう。

研究１　コインロッカーから考えよう

あきらさんとみどりさんは，あきらさんの家族といっしょに遊園地に来ています。

この遊園地には，大きさの異なる３種類のコインロッカーがあり，小型は15個，中型は20個，大型は５個あります。また，小型，中型，大型のコインロッカーは，それぞれが同じ大きさで，すべてのコインロッカーは，すき間なく置かれています。

あきら：　鉄板やとびらの厚みを考えないようにして，この遊園地のコインロッカーを（図）に表してみたよ。

みどり：　コインロッカー全体は１つの直方体として考えられるね。コインロッカー全体の高さは165cm，たての長さは45cm，小型コインロッカーの横の長さは35cmだったよ。

あきら：　大型コインロッカーと小型コインロッカーでは，体積はどれくらいちがうのかな。

（図）

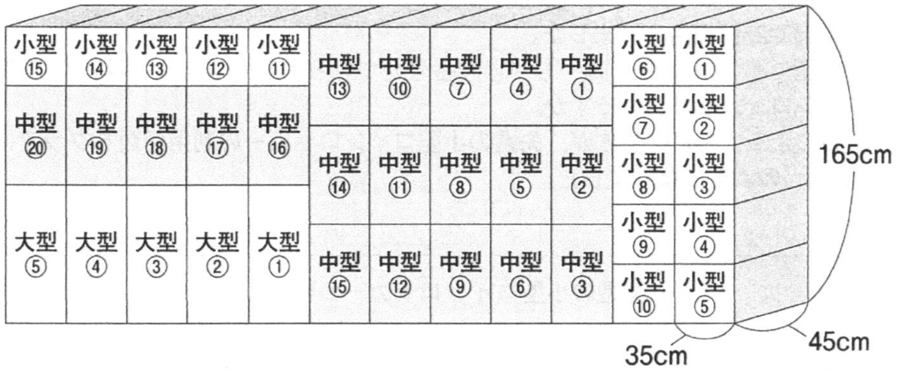

課題１　大型コインロッカー１個分の体積は，小型コインロッカー１個分の体積の何倍ですか。ことばや式などを使って説明してみよう。

説　明

（　　　　　）倍

コインロッカーについて，下のような案内が書かれています。

コインロッカーのご案内

１．ご利用時間

10：00～18：00（当日のみ）

２．ご利用料金

１日１回	小型	300円
	中型	400円
	大型	600円

３．その他

このコインロッカーは，当日限りのお荷物の一時保管用です。ご利用時間を過ぎたお荷物は，係員により回収いたします。

あきらさんたちは，先週の月曜日から日曜日までの７日間における，この遊園地のコインロッカーの利用状きょうについて，係の人に質問しました。

あきら：　大型コインロッカーは，何回利用されましたか。

係の人：　全部で27回利用されました。

みどり：　小型コインロッカーは，①～⑮の番号がつけられていますが，よく使われているコインロッカーはどれですか。

係の人：　日によってちがいますが，先週の小型コインロッカーの利用回数をグラフにすると，（資料）のようになりました。

（資料）

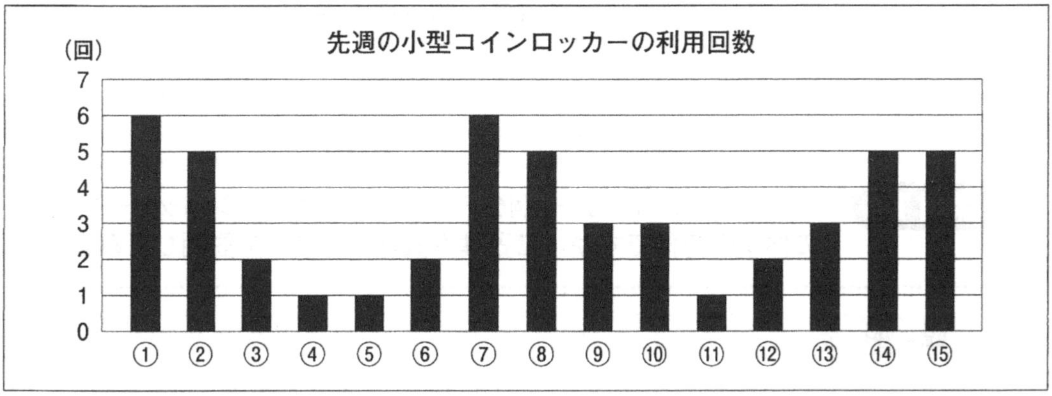

あきら：　小型，中型，大型すべてのコインロッカーの７日間の利用料金の合計はいくらでしたか。

係の人：　ちょうど50000円でした。

あきら：　どうもありがとうございました。

あきらさんたちは，遊園地の帰り道に話をしています。

あきら：　係の人に，先週の中型コインロッカーの利用回数について，聞くのを忘れてしまったね。

みどり：　係の人に教えてもらったことから，中型コインロッカーが全部で何回利用されたかわかるよ。

課題2　先週の７日間で，この遊園地の中型コインロッカーが利用された回数は全部で何回ですか。ことばや式などを使って説明してみよう。

説　明

(　　　　　)回

課題は，次のページに続きます。

研究2　休日の活動から考えよう

あきらさんとみどりさんは，地域のものづくり教室に参加しています。その教室で，紙コップを使ったおもちゃをつくって遊んでいます。（図1）

このおもちゃは，紙コップを下から手でふさいで，画用紙でつくったつつに口をつけて声を出すと，紙コップの上にのせた人形がとびはねます。

あきら：　つつに口をつけて，声を出さずに息をふくだけでは，人形はとびはねないね。

（図1）紙コップを使ったおもちゃで遊んでいるようす

折り紙で
人形をつくる。
紙コップに
穴を開けて，
画用紙でつくった
つつを入れる。
【遊び方】
紙コップを
手でふさいで，
つつに口をつけて
声を出す。

課題1　（図1）のおもちゃの，画用紙でつくったつつに口をつけて声を出すと，紙コップの上にのせた人形がとびはねるしくみを，順を追って説明してみよう。

説　明

あきらさんたちは，科学館の気象コーナーで，自分たちが住んでいる地域の気象情報の記録を見ています。

あきら：　ある年の５月７日から５月９日の気象情報を集めたよ。(図２)
みどり：　集めた気象情報から，Ａ地点の天気がわかるね。

(図２) あきらさんたちが集めた気象情報

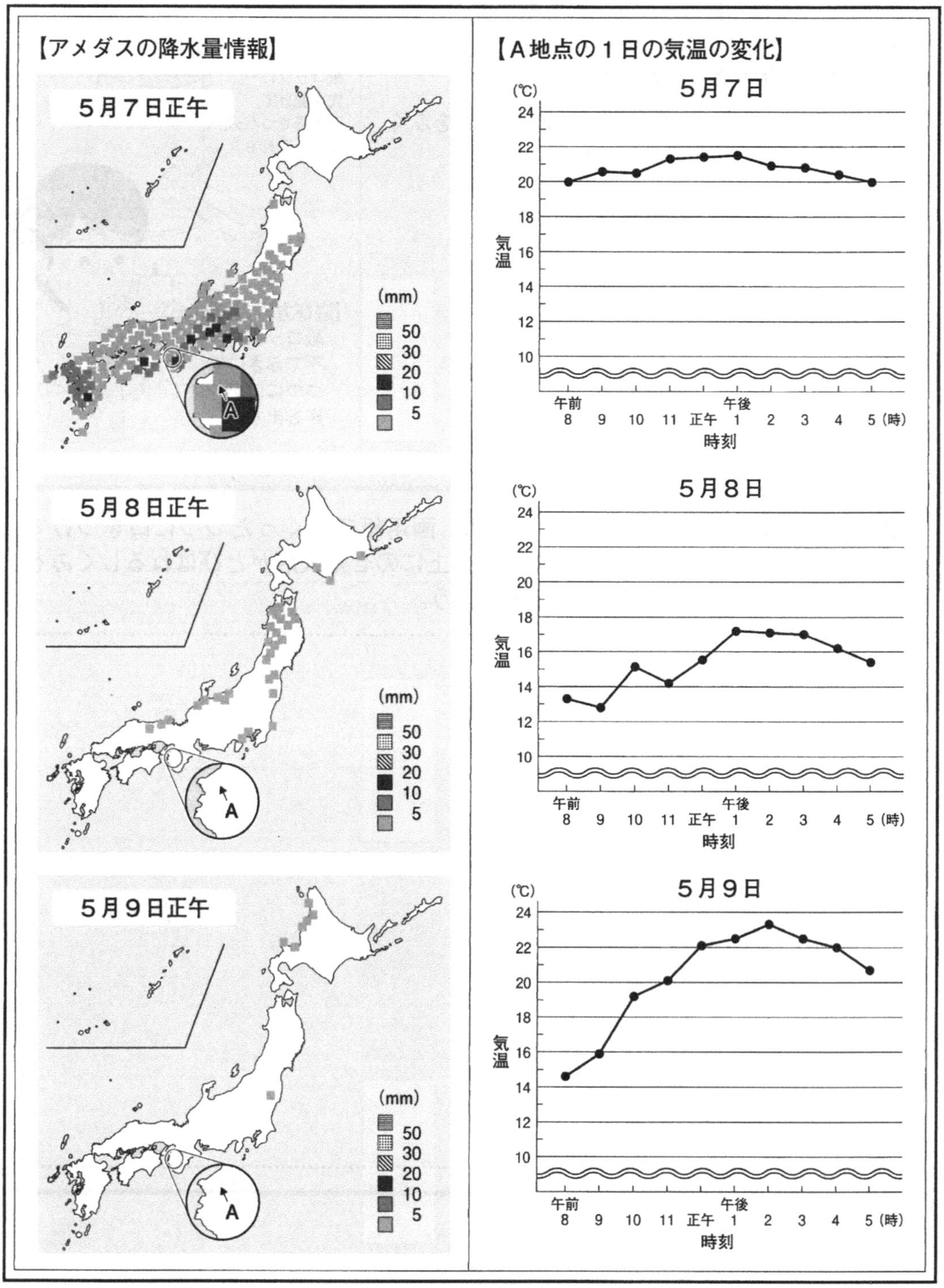

令和六年度

和歌山県立中学校

作文

（十一時十五分～十二時）

（注意）

一　「はじめ」の合図があるまで、開いてはいけません。

二　「はじめ」の合図があったら、まず、受検番号をこの冊子と原稿(こう)用紙の二か所に記入しなさい。

三　作文は冊子の中にある原稿用紙に書きなさい。

四　印刷が悪くてわからないときや筆記用具を落としたときなどは、だまって手を挙げなさい。

五　時間内に書き終わっても、そのまま着席していなさい。

六　「やめ」の合図があったら、すぐに書くのをやめ、二枚重ねて置きなさい。

受検番号

2024(R6) 和歌山県立中
教英出版

一　次の文章を読んで、あとの問いに答えなさい。

※には（注）がある。

一つのものだけを見て、何の基準もないところでは、良いとも悪いとも判断することはできません。好き嫌いも同様です。異なるところを見つけて、その違いを意識し、それをきっかけに考えはじめること。それを言葉にしていくこと。そういった経験を繰り返していくことが重要だと思うのです。そのためには自分から進んでいろいろなものを見、ときには外の世界に出ていくこと。

何を感じ、何を考えたかを言葉にしていくことは、自分の考えを他人に伝えるためだけでなく、自分のためでもあります。最近、新聞やテレビ、※ネットで様々なニュースが流れています。自分に心地よい意見だけを聞くのではなく、違う見方、異なる意見があることを知る。そうすることで、その中に共通点や、違いを包み込むようなもう一つ大きな考え方を見つけられる可能性もあります。

体を動かして考えることもあります。プロ野球選手がゴルフを始めると、普通の人より上達が速いそうです。これは水泳やスケート、柔道などのスポーツ選手も同じかもしれません。スポーツ選手は体を動かすための土台ができているので、他のスポーツをやる時にも体の重心を意識し、体の細部を目的に合わせて調整することができるからだと考えます。このことと同様に、ものの見方や考えるための土台ができていれば、課題に直面した時、ものごとの本質を見出し、周囲の状況を※勘案しつつ調整し、解決につなげていくことができるはずです。みなさんにはその土台づくりをしていって欲しいのです。

（美馬のゆり『AIの時代を生きる―未来をデザインする創造力と共感力』岩波ジュニア新書から…一部省略等がある。）

（注）ネット　＝　インターネットの略
　　　勘案する　＝　あれこれを考え合わす

【問い】　右の文章や自分の経験をふまえ、「ものの見方や考えるための土台」をつくるために、あなたが心がけたいことや取り組みたいことを六〇〇字程度にまとめて書きなさい。

500字

600字

700字

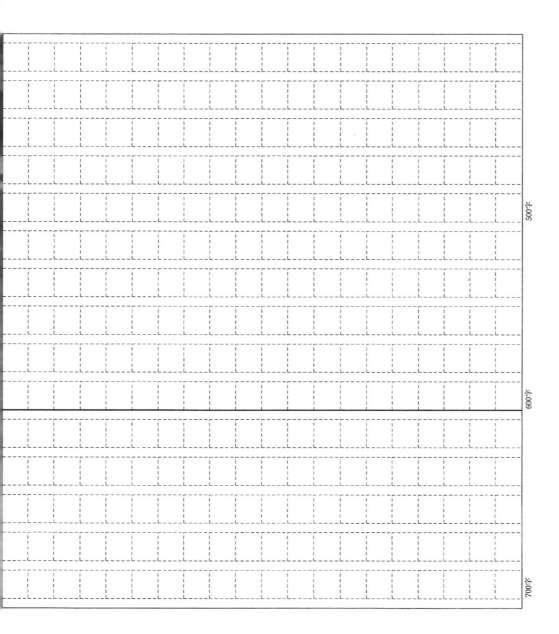

K 教英出版

受検番号

※50点満点
（評価基準非公表）

（注意）

・原稿用紙の正しい使い方にしたがって書きなさい。ただし、題名や名前は書かず、一行目から書き始めなさい。

・文章を直すときは、次のように書き直してもかまいません。

お兄さんが、私に、一冊の本をくれました。
（「兄さん」を「兄」に直し、「の」と「本」の間に「新しい」を書き加えた例）

課題2　（図2）の気象情報から，それぞれの日付にあてはまる，矢印で示したA地点の正午の天気として最も適切なものを，「晴れ」，「くもり」，「雨」の中から選んで書いてみよう。ただし，「晴れ」，「くもり」，「雨」は，1回ずつしか選べないものとします。

また，その天気を選んだ理由を，（図2）から日付ごとに書いてみよう。

A地点の正午の天気

日付	5月7日	5月8日	5月9日
天気			

理　由

あきらさんたちは，博物館の地層の学習会に参加し，ある地域のボーリング試料をもとに，地層のようすを図に表しました。（図３）

（図３）ある地域のボーリング試料をもとに表した地層のようす

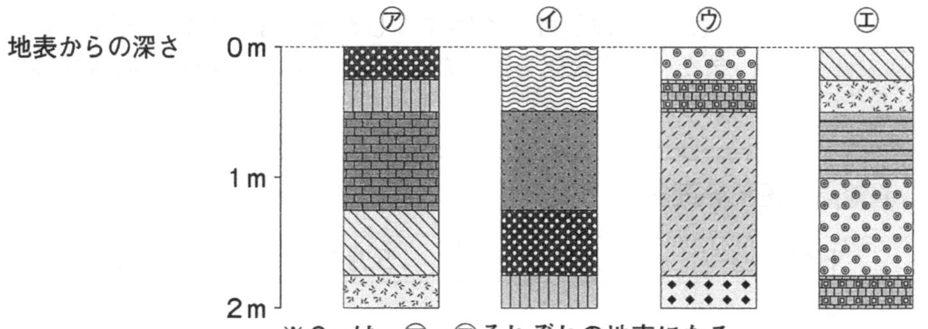

※０ｍは，㋐～㋓それぞれの地表になる。

先　生：（図３）の㋐～㋓の地点はそれぞれはなれていますが，同じ模様で表したものは，つながっている層であると考えられます。また，この地域は，坂道を上ったり下ったりする地域で，㋐～㋓のそれぞれの地表は，海面からの土地の高さが異なっています。

課題３　（図３）にある㋐～㋓の地表の，海面からの土地の高さが，高い順になるように，㋐～㋓の中から１つずつ選び，その記号を下の□に書いてみよう。また，そう考えた理由を，地層のつながりや広がりから書いてみよう。ただし，この地域の地層は，かたむいたり，ずれたり，曲がったりしていないものとします。

記　号　高い □ → □ → □ → □ 低い

理　由

研究３　山の上にある美術館から考えよう

みどりさんとあきらさんは，みどりさんの家族と山の上にある美術館に行きます。

山の上にある美術館には，片(かた)道の移動きょりが1440mであるロープウェイで行くことにしました。

ロープウェイを降(お)りたところで，２人が速さについて話しています。

みどり：　ロープウェイで移動にかかった時間は７分58秒だったよ。およそ８分だね。

あきら：　今乗ってきたロープウェイと，以前旅行に行ったときに乗ったケーブルカーでは，どちらが速いのかな。

みどり：　タブレット端末(たんまつ)で調べると，そのケーブルカーの片道の移動きょりは切り上げるとおよそ900m，移動にかかる時間はちょうど５分と書いてあるよ。

あきら：　どちらもみどりさんが表したがい数を使えば，それぞれのおよその速さは簡単に求められそうだね。でも，実際の速さはどちらが速いのだろう。

課題１　みどりさんが表したがい数を使うと，ロープウェイとケーブルカーのおよその速さは，それぞれ分速何mになりますか。また，ロープウェイとケーブルカーの実際の速さはどちらが速いと考えられますか。ことばや式などを使って説明してみよう。

説　明

美術館には，（図１）のようなステンドグラスの窓がありました。

（図１）

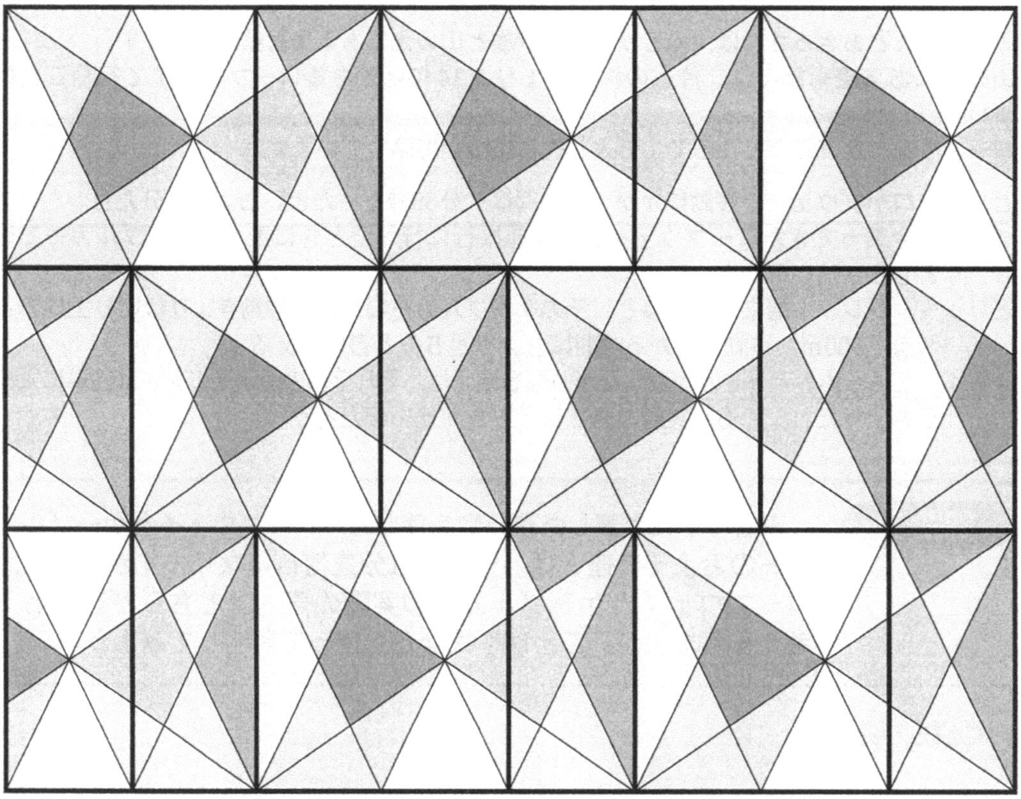

係の人：　このステンドグラスの窓わくは，正方形と長方形の２種類があり，正方形の窓わくは長方形の窓わく２つ分の大きさです。
（図２）のように，ステンドグラスは，２つの長方形の対角線と，点線からできています。点線は，窓わくである長方形の対角線と平行です。

みどり：　ステンドグラスの中には，三角形や四角形などがあるね。それらを組み合わせると，平行四辺形，台形，ひし形と見ることもできるね。

あきら：　規則正しく並んだ図形だから，それぞれの図形の面積も求められそうだね。

みどり：　（図3）のように，窓わくの正方形ＡＢＣＤの１辺を１ｍとしたとき，四角形ＩＪＫＬの面積は何m^2になるのかな。

（図２）

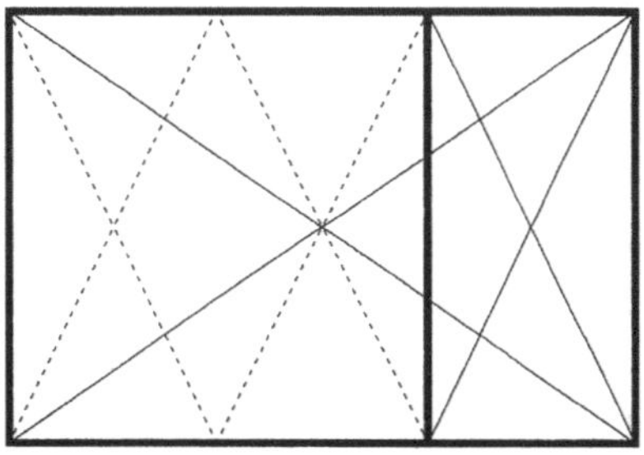

（図３）

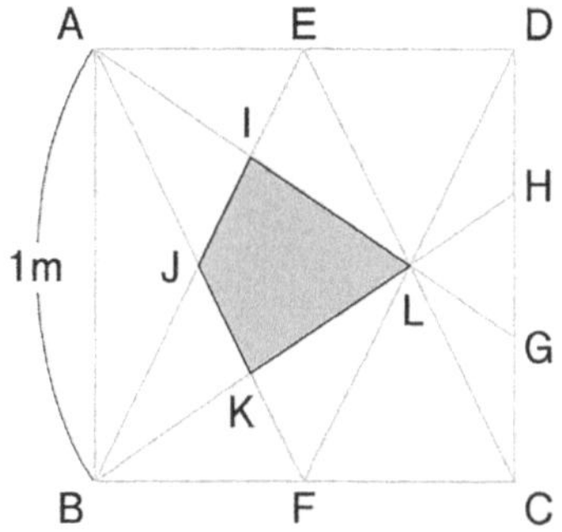

課題2　正方形ＡＢＣＤの1辺を1ｍとしたとき，四角形ＩＪＫＬの面積は何m^2になりますか。ことばや式などを使って説明してみよう。ただし，窓わくのはばや直線の太さは考えないものとします。

説　明

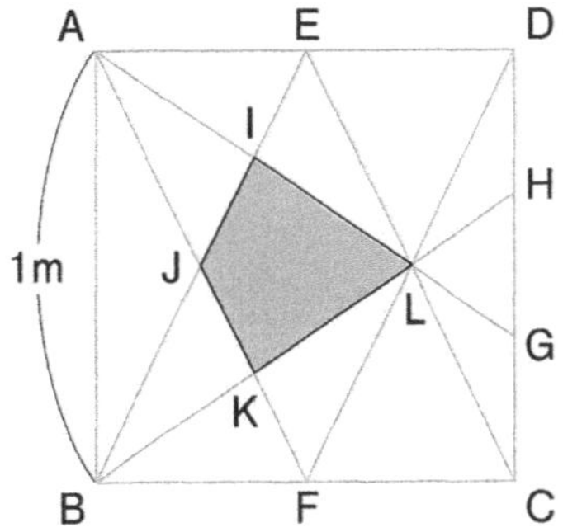

四角形ＩＪＫＬの面積は（　　　　　）m^2

県立古佐田丘中学校
県立向陽中学校
県立桐蔭中学校
県立日高高等学校附属中学校
県立田辺中学校

受検番号	

※100点満点
（配点非公表）

令和５年度

和歌山県立中学校
適性検査Ⅰ

（９：１５～１０：００）

（注意）

1 「はじめ」の合図があるまで，この冊子を開いてはいけません。

2 「はじめ」の合図があったら，まず，受検番号を記入しなさい。

3 適性検査は，どこから始めてもかまいません。

4 解答は，すべてこの冊子の ⬚ で囲まれた場所に記入しなさい。

5 計算などは，この冊子の余白を使いなさい。

6 印刷が悪くてわからないときや筆記用具を落としたときなどは，だまって手を挙げなさい。

7 時間内に解答が終わっても，そのまま着席していなさい。

8 「やめ」の合図があったら，すぐに解答するのをやめ，冊子の表紙を上にして机の上に置きなさい。

> この適性検査には、「みどりさん」と「あきらさん」たちが登場します。
> いっしょに、いろいろな課題について考えてみよう。

研究1　読み取った内容から考えをまとめよう

みどりさんとあきらさんの学級では、言葉について書かれた文章を読んで、気付いたことを話し合ったり、考えたことをまとめたりする活動をおこなっています。

※には（注）がある。

※語彙（ごい）が多いとか少ないとかいうけれど、人間はどのくらいの言葉を使うものなのか。

例えば新聞や雑誌（ざっし）に使われている単語は、年間およそ三万語といわれています。しかし、その五〇～六〇パーセントは、年間の使用度数1です。つまり、半分の単語は新聞・雑誌で一年に一度とお目にかかることがない。

（中略）

生活していく上で間にあうという数でいえば、三〇〇〇語あれば間にあう。だいたいは生きていられる。これが、いわゆる基本語です。では、三〇〇〇語知っていればいいか。言語生活がよく営めるには、三〇〇〇では間にあわない。三万から五万の単語の約半分は、実のところは新聞でも一年に一度しか使われない。一生に一度しかお目にかからないかもしれない。しかし、その一年に一度、一生に一度しか出あわないような単語が、ここというときに適切に使えるかどうか。使えて初めて、よい言語生活が営めるのです。そこが大事です。語彙を七万も一〇万ももっていたって使用度数1、あるいは一生で一度も使わないかもしれない。だからいらないのではなくて、その一回のための単語を蓄（たくわ）えていること。

例えば「味」についていえば、「味得（みとく）する」という単語があります。これは確かに使用度数は少ない。今やもう、ほとんど使われなくなっているけれど、なにかの時に「それが味得できた」と使うことでピタッと決まることがある。「深い、かすかな味わいが分かった」では、文章の調子、※文体としてだめなときがある。文章を書くには、一度使った単語や言い回しを二度繰（く）り返さないという文章上の※美意識がある。それに触（ふ）れる。何か別の言い回しが必要になる。そのとき、その書き手がどれだけ語彙をもっているかが問題になる。※類語辞典が役立つのはそういうときです。

なんでもかんでもむずかしい言葉をたくさん覚える必要があるといっているのではありません。そのときどきに、ピタッと合う、あるいは美しい表現ができるかどうか。それが問題です。それが言語の能力があるということです。歌人や小説家が辞書を読んで単語を覚えようとしたのは、そういうときに備えたいからです。だから、読み手もその細かい心づかいにつきあうだけの感度をそなえていなくてはいい読者といえません。

（大野（おおの）晋（すすむ）著『日本語練習帳』岩波新書から…一部省略等がある。）

（注）語彙……ある人がもつ単語の数
文体……文章の様式・形式
美意識…美を創造したり感じ取ったりする心のはたらき
類語……形はちがっていても意味の似ている言葉

課題1

「感度」という言葉の読み方を（例）にならってローマ字で書いてみよう。

（例）

「桜」

sakura

「感度」

課題2

本文中の［　］について、筆者がこの例を使って伝えたかったことはどのようなことですか。文中の言葉を使って五十字以内でまとめてみよう。

50字

みどり：文章を書くとき、一度使った単語や言い回しを、別の言葉に言いかえることは、よくあるよね。

あきら：そうだね。次の【①の文】では、「言う」という同じ言葉がくり返されているから、【②の文】のように、別の表現に言いかえてみると、読み手への伝わり方が変わるね。

【①の文】
姉がAと言ったので、わたしはBと言いました。

【②の文】
姉がAと言ったので、わたしはBと反論しました。

課題3

【①の文】を【②の文】に言いかえたことで、どのような内容が伝わるようになりましたか。説明してみよう。

研究２　県産品（うめ・もも）の授業から考えよう

あきらさんとみどりさんは，和歌山県からもらったうめを使って，うめジュースを作ります。砂糖（さとう）とうめでできたうめシロップを水でうすめると，１Lのびん６本と１Lのびん半分のうめジュースができました。

あきら：　できたうめジュースの量は$6\frac{1}{2}$Lだね。

みどり：　１人分を紙コップに200mLずつ入れるとすると，何人分できて，どれだけの量があまるのかな。

あきら：　200mLは１Lの$\frac{1}{5}$だから，分数で計算できそうだね。どうかな。

あきらさんの考え

200mLは，１Lの$\frac{1}{5}$だから，

$$6\frac{1}{2} \div \frac{1}{5} = \frac{13}{2} \times 5$$
$$= \frac{65}{2}$$
$$= 32\frac{1}{2}$$

32人分できて，$\frac{1}{2}$Lあまる。

課題１　あきらさんの考え には，まちがっているところがあります。まちがっているところを書き出してみよう。また，正しく直してみよう。

まちがっているところ

正しく直したもの

あきらさんたちの学年は２学級あり，和歌山県からもらったももを使ってどんなデザートを作るか，投票で決めることになりました。

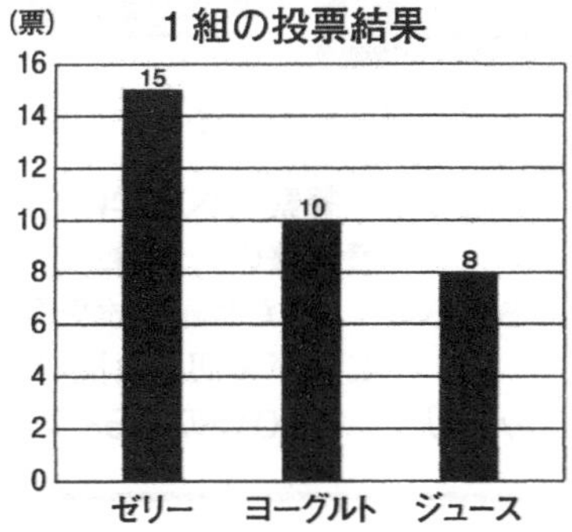

あきら：　１組の投票結果は，グラフのとおり「ゼリー」がいちばん人気だね。

みどり：　あとは２組の開票だね。２つの学級の票を合わせて，いちばん票の多かったデザートに決まるよ。

あきら：　２組の投票で「ゼリー」に最低あと何票入れば，「ゼリー」に決まるのかな。

みどり：　２組の児童数は32人だね。

課題２　２組の投票で，最低あと何票入れば確実に「ゼリー」に決まりますか。ことばや式，表などを使って説明してみよう。

説　明

最低あと（　　　　　）票入れば確実に「ゼリー」に決まる。

研究３　社会見学から考えよう

みどりさんとあきらさんは，これまでの社会見学をふり返りながら話をしています。

みどり：　警察署（けいさつしょ）へ見学に行ったね。事故や事件が起きたとき，その場所にすぐにかけつけたいと，警察署の人が言っていたよ。

あきら：　そうだね。事故や事件を見つけた人が，すぐに110番の連らくをして，正確な情報を伝えることが大切だと聞いたね。

みどり：　110番の連らくは，県の警察本部にある通信指令室につながるようになっていたね。

課題１　１１０番の連らくを受け，警察が，事故や事件が起きた場所に，はやく行くことができる理由を，通信指令室のはたらきと関連づけて書いてみよう。

理　由

（資料１）

あきら：　学校近くのある家で，（資料１）のような，「こども１１０番の家」と書いた看板（かん）を見つけたよ。

みどり：　こども１１０番のしくみについて学習したね。

課題２　こども１１０番のしくみについて説明してみよう。

説　明

あきら：　スーパーマーケットにも見学に行ったね。
みどり：　そうだね。お店のいろいろなくふうを知ることができたね。

(資料２) 店の売り場にならべられた同じ食品

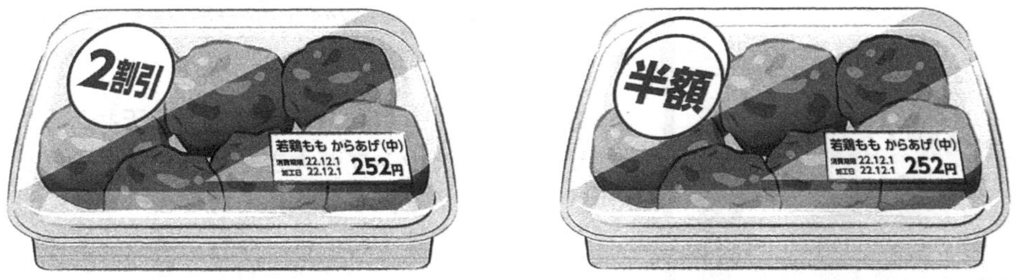

A　午後７時　　　B　午後８時

課題３

(１)　(資料２) は，午後９時まで営業している店の売り場にならべられた同じ食品の，Ａは午後７時，Ｂは午後８時のものを表しています。ＡとＢを比べてわかる店のくふうを具体的に書き，そのようなくふうをしている理由を，店の立場で書いてみよう。

くふうと理由

(２)　店の売り場にならべられた食品について，その生産者や，どのように生産されたかなどの情報を追せきできるしくみを何といいますか。カタカナ８文字で，その言葉を書いてみよう。

言　葉

研究４　科学イベントに出かけたことから考えよう

　あきらさんとみどりさんは，科学イベントの科学の歴史コーナーへ行き，イタリアの科学者，ガリレオ・ガリレイ（1564～1642年）が発見したことについての説明（図１）を読みました。

（図１）

ガリレオ・ガリレイの発見
　ある日，ガリレオは，ピサの大聖堂の天井（じょう）からつり下げられたランプが大きくゆれたり小さくゆれたりするのを見ました。それをきっかけに，「ふりこが往復する時間は，ふれはばとは関係ない。」という，ふりこのきまりを発見しました。

　あきらさんたちは，（図１）のガリレオ・ガリレイが発見したふりこのきまりを調べるために，ふりこ（図２）を使って，ふれはば，ふりこの長さ，おもりの重さをそれぞれ変えて，ふりこが１往復する時間を求め，結果を記録しました。（表）

（図２）

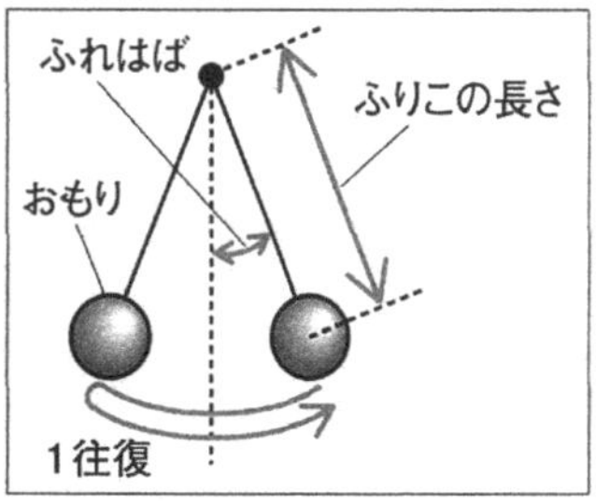

（表）

	ア	イ	ウ	エ
ふれはば（°）	20	30	30	30
ふりこの長さ（cm）	50	50	25	50
おもりの重さ（g）	10	10	10	20
ふりこが１往復する時間（秒）	1.4	1.4	1.0	1.4

課題１　（表）から「ふりこが往復する時間は，ふれはばとは関係ない。」ことを示すためには，ア～エの中のどれとどれを比べればわかりますか。その記号を２つ選んで，下の □ に書いてみよう。
　また，ふりこが１往復する時間は何に関係しているのか，（表）から説明してみよう。

記号　□ と □

説明

みどりさんたちは，次に，おもちゃコーナーで，「回路をつくって遊ぶおもちゃ」（写真１）を見つけました。このおもちゃは，厚紙に，ビニルテープとアルミニウムはくがはりつけられていて，そのいくつかが導線や金属製のスプーンなどでつながれています。厚紙の裏から磁石で鉄くぎを自由に動かして回路をつくり，豆電球の明かりをつけて遊びます。

（写真１）

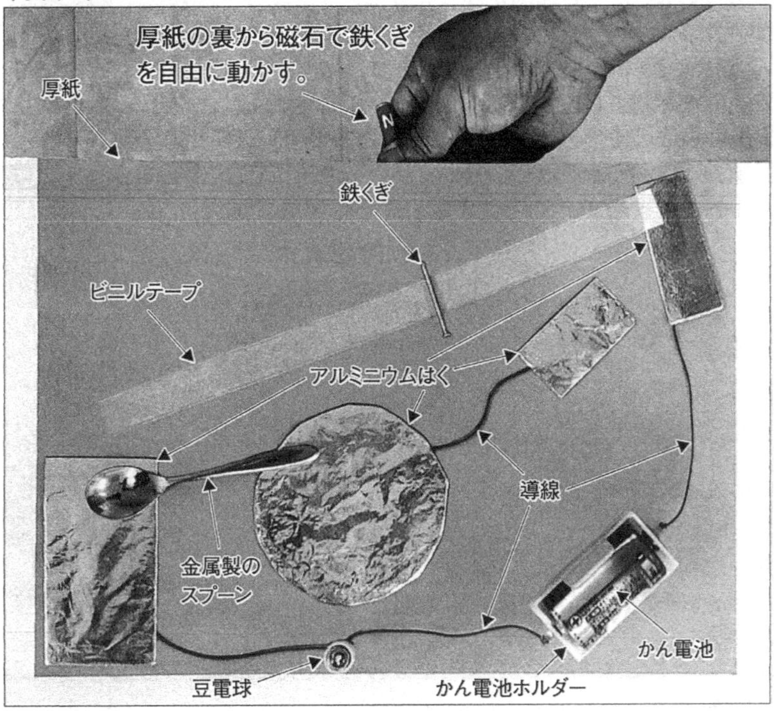

課題２　（写真１）のおもちゃは，金属の性質と磁石の性質を利用しています。それぞれどのような性質を利用しているか書いてみよう。

金属の性質

磁石の性質

あきらさんたちは，科学イベントから歩いて帰っていると，家の近くの公園に水たまりができているのを見つけました。（写真２）

（写真２）

あきら：　水たまりができているよ。今までこの場所に，水たまりはできていなかったよね。

みどり：　きのうの夜，たくさん雨がふったから，水たまりができたんだね。

次の日，あきらさんたちは，同じ公園に遊びに行きました。前日に水たまりがあった場所（写真３）の土の表面のようすを見て，どろがたまっていることに気がつきました。（写真４）

また，（写真３）の，前日に水たまりがなかった場所の土の表面のようす（写真５）を見ると，砂やじゃりが多く見られ，どろはたまっていませんでした。

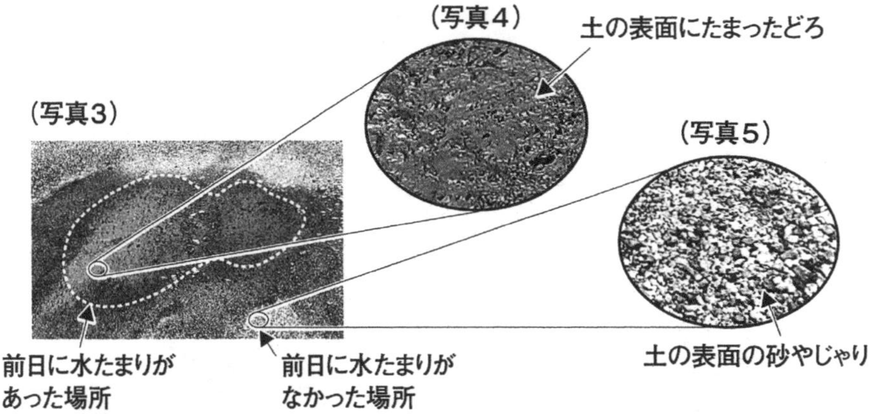

課題３　（写真４）のように，水たまりがあった場所の土の表面にどろがたまった理由を，水のはたらきと土のつぶの大きさから書いてみよう。

理　由

受検番号	

※100点満点
（配点非公表）

令和５年度

和歌山県立中学校
適性検査Ⅱ

（10：15～11：00）

（注意）

1 「はじめ」の合図があるまで，この冊子を開いてはいけません。

2 「はじめ」の合図があったら，まず，受検番号を記入しなさい。

3 適性検査は，どこから始めてもかまいません。

4 解答は，すべてこの冊子の［　　］で囲まれた場所に記入しなさい。

5 計算などは，この冊子の余白を使いなさい。

6 印刷が悪くてわからないときや筆記用具を落としたときなどは，だまって手を挙げなさい。

7 時間内に解答が終わっても，そのまま着席していなさい。

8 「やめ」の合図があったら，すぐに解答するのをやめ，冊子の表紙を上にして机の上に置きなさい。

この適性検査には，「みどりさん」と「あきらさん」たちが登場します。
いっしょに，いろいろな課題について考えてみよう。

研究１　観覧車から考えよう

みどりさんとあきらさんは，みどりさんのお母さんと３人で遊園地に遊びに来ています。

みどりさんたちが，観覧車乗り場に着くと，前に何組か並んでいます。観覧車について，次のように説明が書かれています。

・ゴンドラは１周９分間で，時計回りに回ります。
・到着したゴンドラに順番に乗っていただきます。

先頭で待っていた組が，12台のゴンドラのうち７番のゴンドラに乗りました。（図１）

その15分後に到着したゴンドラに，みどりさんたちは乗りました。

（図１）

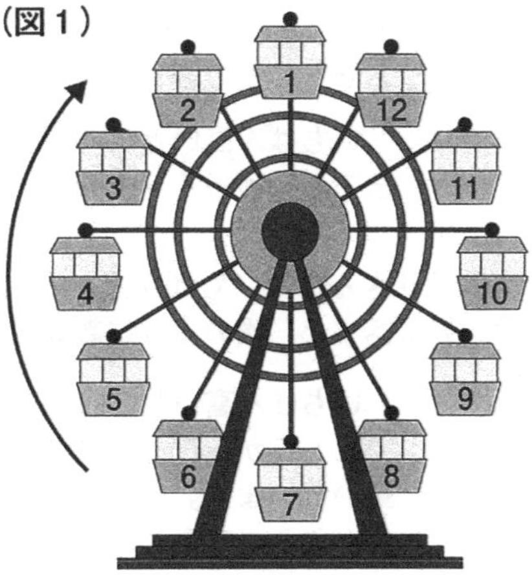

課題１　みどりさんたちが乗ったゴンドラは何番ですか。ことばや式などを使って説明してみよう。ただし，ゴンドラはすべて等しい間かくになっています。

説　明

みどりさんたちが乗ったゴンドラは（　　　）番。

みどりさんたちは，ゴンドラから降(お)りた後，次のように話しました。

みどり：　ゴンドラは一定の速さで動いているはずなのに，いちばん高いところに近づくときに，外の景色を見ていると，ゆっくり上がるように感じたよ。

あきら：　ゴンドラの動くところを円Ｏとして，図にかいてみるよ。（図２）のように，いちばん低いゴンドラをＡとするよ。それぞれのゴンドラは，等しい間かくでＡからＬまで表した●になるね。

みどり：　いちばん高いところにある●がＧだね。ＥからＧまでが，ゆっくり上がると感じたところだよ。

（図２）

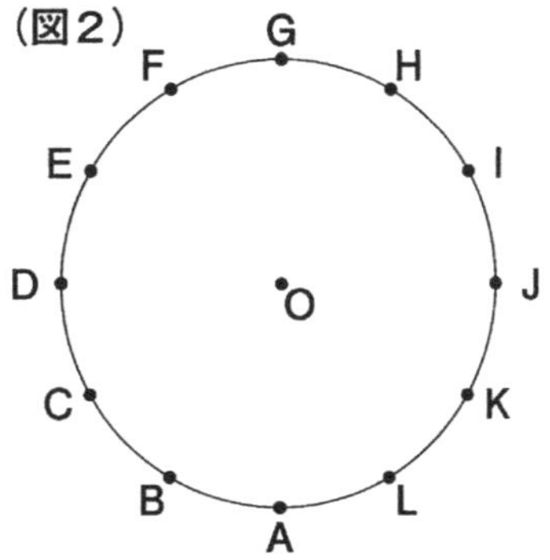

みどりさんは，いちばん高いところに近づくときに，ゆっくり上がるように感じたことを係の人に話すと，次のように教えてもらいました。

係の人：　いちばん高いところに近づくときに，ゆっくり上がるように感じたのはそのとおりです。ＥからＧと，ＣからＥに移動するゴンドラは，同じ時間で円周上の同じ長さを動いています。しかし，（図３）のように，ＥからＧまで上がった高さとなるＭＧは，ＣからＥまで上がった高さとなるＣＥの半分です。

みどり：　やっぱり，ゆっくり上がるように感じたのは，まちがいじゃなかったんだ。でも，どうしてＭＧは，ＣＥの半分になるのかな。

あきら：　（図３）の円の中心や円周上の点を結んでできる図形を使って考えてみよう。

（図３）

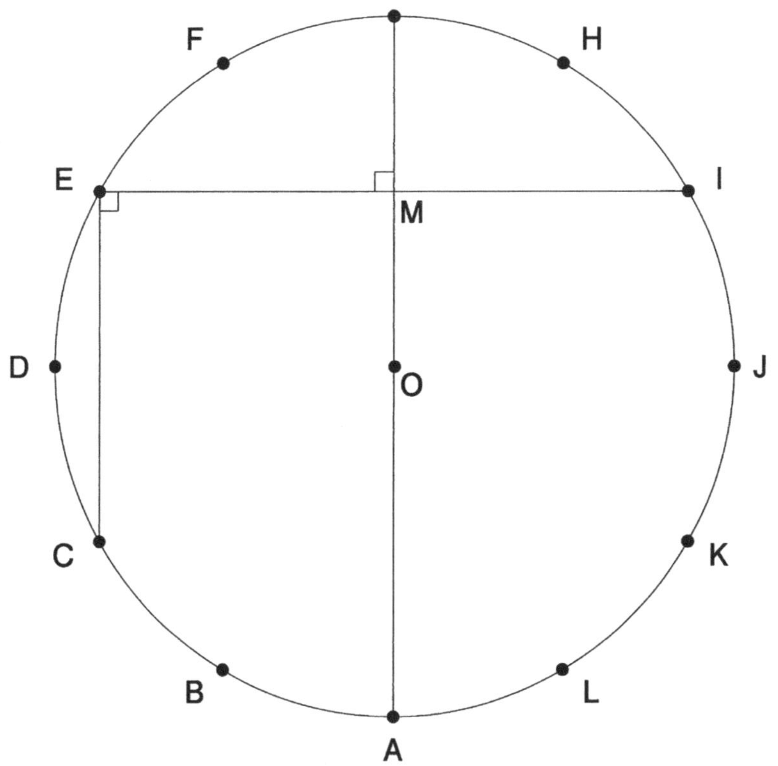

課題2　（図3）で，EからGまで上がった高さとなるMGは，CからEまで上がった高さとなるCEの半分になることを説明してみよう。

説　明

研究2　興味をもったことから考えよう

　みどりさんは，家でご飯を食べていると，お母さんに「よくかんで食べようね。消化や吸収がされやすいからね。」と言われました。みどりさんは，食べた物がどうなるのか不思議に思ったので，図かんなどで，食べ物のゆくえについて調べ，わかったことを【口から取り入れられた食べ物（でんぷん）の変化】としてまとめました。

【口から取り入れられた食べ物（でんぷん）の変化】

（わかったこと）
・口から取り入れられた食べ物は，口や胃などの消化管で消化され，吸収されやすい養分に変化する。

・養分は，小腸で吸収される。

・吸収されずに残ったものは，便として，こう門から出される。

食べ物（でんぷん）の変化

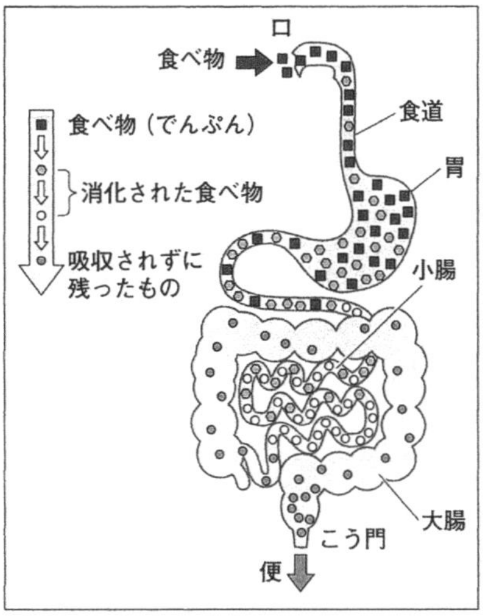

課題1　小腸で吸収された養分は，その後，体の中でどうなっていくか，説明してみよう。

説　明

令和五年度

和歌山県立中学校

作文

（十一時十五分～十二時）

受検番号

（注意）

一 「はじめ」の合図があるまで、開いてはいけません。

二 「はじめ」の合図があったら、まず、受検番号をこの冊子と原稿用紙の二か所に記入しなさい。

三 作文は冊子の中にある原稿用紙に書きなさい。

四 印刷が悪くてわからないときや筆記用具を落としたときなどは、だまって手を挙げなさい。

五 時間内に書き終わっても、そのまま着席していなさい。

六 「やめ」の合図があったら、すぐに書くのをやめ、二枚重ねて置きなさい。

一　次の文章を読んで、あとの問いに答えなさい。

※には（注）がある。

今、毎日勉強するなかで「いったいどんな意味があるのだろう」と疑問に思っているかもしれません。しかし、それはやがて自分の成長に大きくつながるのです。

先日、アメリカのマサチューセッツ工科大学（MIT）を視※察しました。さぞ最先端の技術や知識を教えているのだろうと思っていましたが、意外なことに音楽教室にはピアノがズラッと並んでいて、一※般教養も熱心に教えていました。私はびっくりして「どうしてですか？」と尋ねました。

すると、最先端の技術や知識も教えているけれど、今の世の中のスピードでは四年も経つとそれらは古くなってしまう。だからその時点の技術や知識ではなく、大学を卒業したあとに自ら新しい知識を吸収したり、自分で最先端の技術をつくり出そうとしたりする能力こそ身につけさせるべきだと考えているというのです。「すぐ役に立つことは、すぐに役に立たなくなる」。そう考えているのです。

慶應義塾大学の塾長だった小泉信三も同じことを言っています。すぐに役に立たないようなことが後になってじわじわと役に立つということですね。世の中のさまざまな人たちの経験に裏※付けられて中学校や高校のカ※リキュラムはつくられています。そのときはわからなくても、後になると役に立つことはいくらでもあるんですね。

とはいえ、中学・高校や大学で学べることはやはり限られます。すべてを学ぶことはできません。とすれば、身につけるべきは、社会に出ても生涯にわたって学び続けることができる力だろうと私は思うんですね。

私の父親は八八歳、つまり米寿を過ぎて急に体が弱ってしまって寝たきりの生活になりました。ところがある日、新聞広告を見ていた父は「『広辞苑』の第四版が出たらしいから買ってきてくれ」と私に言うのです。『広辞苑』はとても分厚い国語辞典ですね。「寝たきりなのにどうするんだろう？」と思いましたが、たまには親孝行をしようと買い求めて父に渡しました。

すると、重たい辞書を枕元に置いて、読み始めるんです。私は「なんという知識欲だろう！」とたまげましたね。八八歳を過ぎて寝たきりになってもなお『広辞苑』を読み続ける。なんという好奇心、向学心だろうと頭が下がる思いでした。

それから間もなく父は亡くなりました。いま『広辞苑』は第七版が出ていますが、私にとって『広辞苑』第四版が宝物です。

父は何歳になろうとも学ぶことを忘れなかった。学び続ければ人間はいくつになっても成長することができるんです。学び始めることに遅いということはありません。

（池上　彰　著　『学び続ける原動力』「学ぶということ」所収
ちくまプリマー新書から…一部省略等がある。）

（注）
視察　＝　実際にその場所へ行って見て、ようすを調べること
一般教養　＝　広く一般に必要とされる知識
裏付ける　＝　考えや研究に証拠をつけて、確かなものにする
カリキュラム　＝　学校の学習内容を段階ごとに計画したもの

【問い】　右の文章をふまえて、これからあなたはどのように学んでいきたいと考えますか。これまでの経験と関連づけて、六〇〇字程度にまとめて書きなさい。

500字

600字

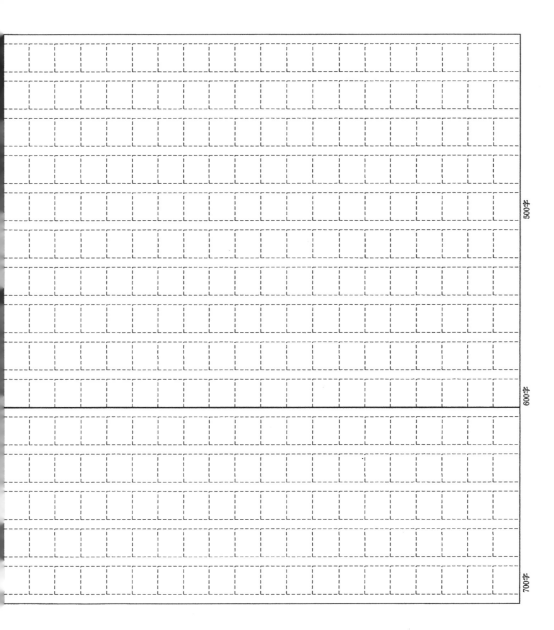

700字

受検番号

※50点満点
（配点非公表）

（注意）
・原稿（こう）用紙の正しい使い方にしたがって書きなさい。ただし、題名や名前は書かず、一行目から書き始めなさい。
・文章を直すときは、次のように書き直してもかまいません。

兄　　　　　　　　新しい
お兄さんが、私に、一冊の本をくれました。

あきらさんは，社会見学に行ったとき，建設中の高い建物を見つけました。（図１）

（図１）

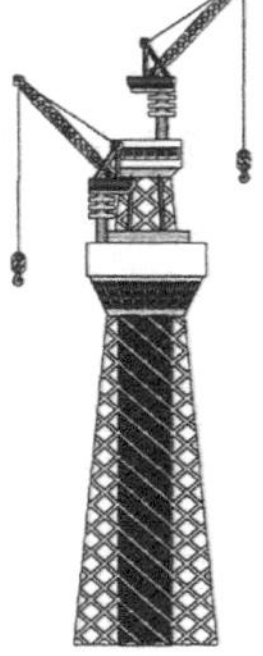

あきらさんは，何の建物なのか気になり調べてみました。すると，それはテレビの電波を送る電波とうで，その建設には金属でできたたくさんの柱が使われていることがわかりました。

また，（図１）の建物が設計どおりまっすぐに建っているかを調べる作業があり，その作業をおこなうのに適した時間帯があることもわかりました。

課題２　下のグラフは，金属でできた電波とうが設計どおりまっすぐに建っているかを調べる作業をおこなった日の気温の変化を表したものです。金属でできた電波とうが，設計どおりまっすぐに建っているかを調べる作業に最も適した時間帯を，下のグラフのア～エの中から１つ選び，その記号を ☐ に書いてみよう。

なお，この日の太陽がのぼる時刻は午前４時53分，太陽がしずむ時刻は午後７時14分です。

また，記号を選んだ理由を，金属の体積の変化から書いてみよう。

作業をおこなった日の気温の変化

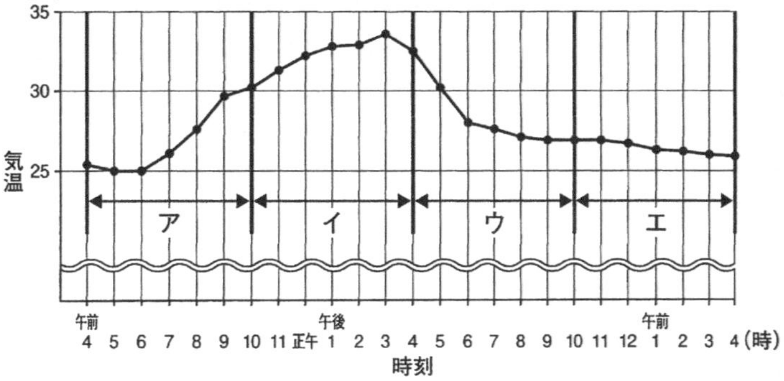

記　号

理　由

みどりさんは，午前９時に体育の授業で体育館に行ったとき，体育館のげん関の前にある旗をあげるポールのかげが，ちょうど体育館のげん関の方向にできているのを見ました。(図２)

午後３時になって帰るとき，太陽の動きとともに旗をあげるポールのかげの向きが，午前９時にできたかげから90°変わっていました。

(図２) 午前９時のようす

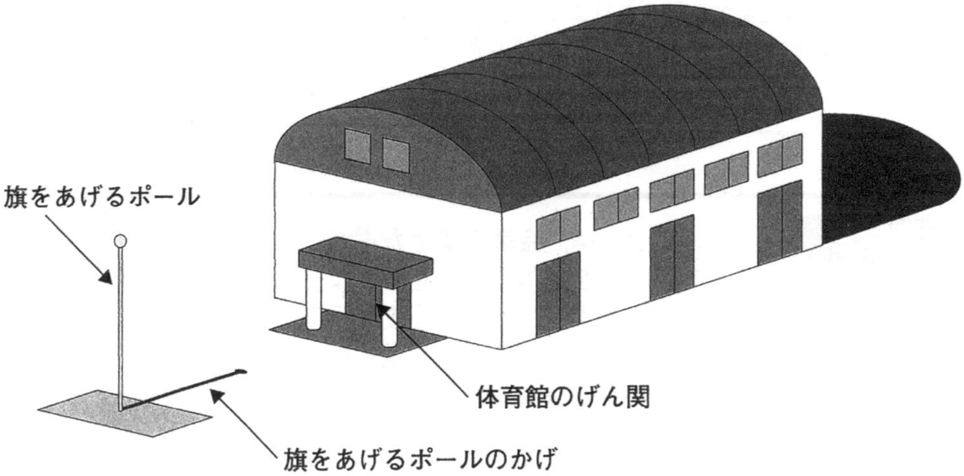

課題３ 旗をあげるポールは，体育館のげん関から見て，どの方位に立っているか，八方位で下の［　　］に書いてみよう。また，どうしてその方位になるのか，説明してみよう。

方　位

説　明

研究3　体育委員会の話し合いから考えよう

あきらさんたちは，体育委員会で昼休みのおもな過ごし方について，全校児童にアンケートを取り，その結果を（表）のように集計しました。

（表）昼休みのおもな過ごし方　（人）

	ドッジボール	おにごっこ	読書	鉄ぼう	しょうぎ	その他	合　計
1年生	26	21	10	3	0	4	64
2年生	30	18	13	6	3	1	71
3年生	25	17	14	8	3	3	70
4年生	26	14	17	9	3	3	72
5年生	21	15	18	9	4	5	72
6年生	19	20	12	7	8	5	71
合　計	147	105	84	42	21	21	420

（図1）

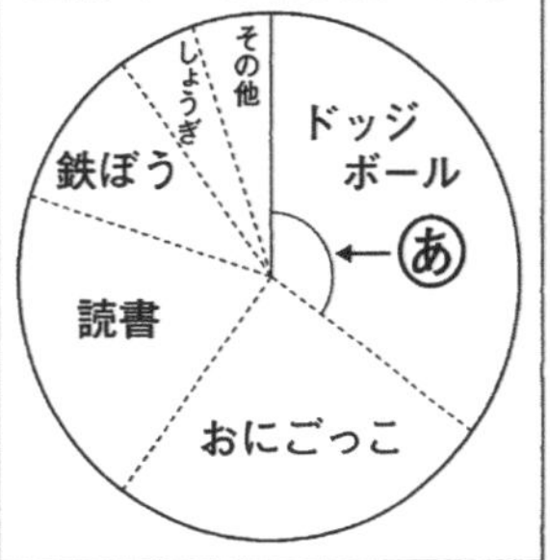

あきら：　全学年の昼休みのおもな過ごし方を（図1）のように円グラフに表して，かべ新聞にのせたいね。

みどり：　かべ新聞は，模造紙（もぞうし）で作るので，大きく表したいね。

あきら：　模造紙に円グラフを正確に表すには，大きなコンパスで円をかいて，円の中心のまわりの角度を割合に合わせて区切らないといけないね。

みどり：　まずは，「ドッジボール」の割合をグラフに表してみよう。

課題1　全学年の昼休みのおもな過ごし方別の割合を円グラフに表したとき，「ドッジボール」を表す部分の角度ⓐの大きさを何度にすればよいですか。ことばや式を使って説明してみよう。

説　明

「ドッジボール」を表す部分の角度ⓐの大きさは（　　　　　　）度。

体育委員会で話し合い，毎週金曜日の昼休みに，希望者でドッジボールを行うことに決まりました。あきらさんたちは，【委員会で決めた条件】のとおり，運動場のコートをかくことができる範囲の中で，なるべく大きなコートをかこうと考えています。

【委員会で決めた条件】
① 同じ方向にそろえて，６つのコートをかく。
② コートは正方形を２つ合わせた長方形とする。（図２）
③ 安全のために長辺と長辺の間は４m以上，短辺と短辺の間は８m以上あける。（図２）
④「コートをかくことができるところ」は，運動場のたて30m，横45mの範囲とする。（図３）
※コートの短辺の１辺は0.5m単位とする。（例　5m　5.5m　6m　6.5m　7m　7.5m　8m）
※コートと「コートをかくことができないところ」の間をあける必要はない。

（図２）　ドッジボールのコート

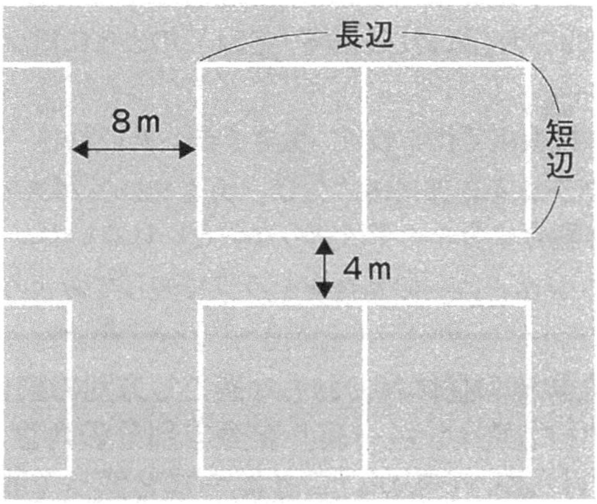

（図３）運動場のコートをかくことができる範囲

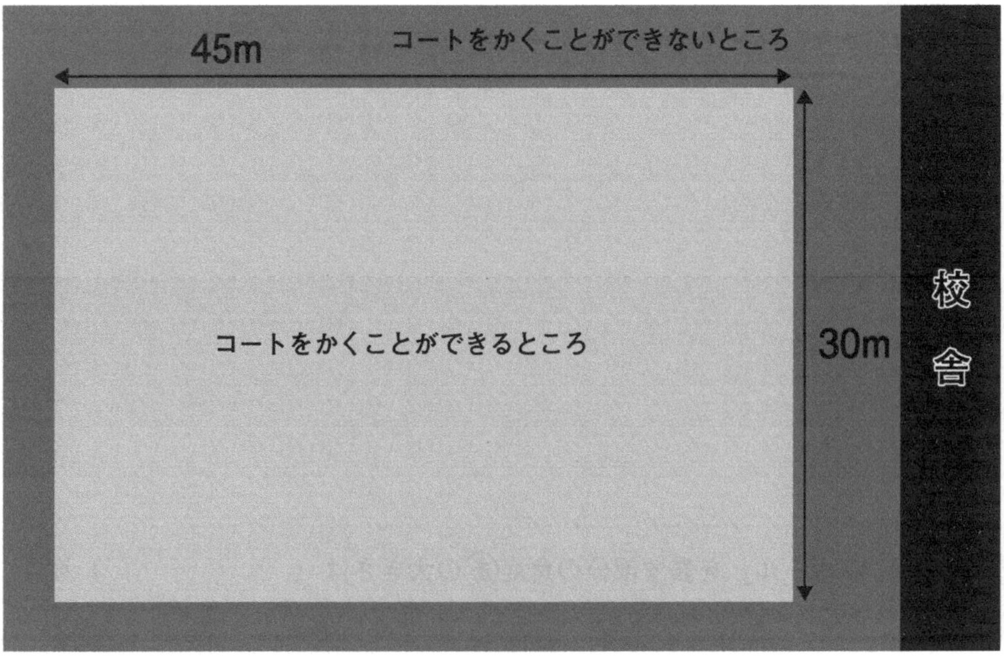

課題2　【委員会で決めた条件】に合わせて最も大きくコートをかくときの短辺の長さは何mになりますか。ことばや式，図などを使って説明してみよう。

説　明

最も大きくコートをかくときの短辺の長さは（　　　　　　　）m。

県立古佐田丘中学校
県立向陽中学校
県立桐蔭中学校
県立日高高等学校附属中学校
県立田辺中学校

受検番号	

※100点満点
（配点非公表）

令和4年度

和歌山県立中学校
適性検査Ⅰ

（9：15～10：00）

（注意）

1 「はじめ」の合図があるまで，この冊子を開いてはいけません。

2 「はじめ」の合図があったら，まず，受検番号を記入しなさい。

3 適性検査は，どこから始めてもかまいません。

4 解答は，すべてこの冊子の [ ] で囲まれた場所に記入しなさい。

5 計算などは，この冊子の余白を使いなさい。

6 印刷が悪くてわからないときや筆記用具を落としたときなどは，だまって手を挙げなさい。

7 時間内に解答が終わっても，そのまま着席していなさい。

8 「やめ」の合図があったら，すぐに解答するのをやめ，冊子の表紙を上にして机の上に置きなさい。

この適性検査には、「あきらさん」と「みどりさん」たちが登場します。
いっしょに、いろいろな課題について考えてみよう。

研究1 文章全体から要旨をつかもう

あきらさんとみどりさんの学級では、図書館で見つけた本の内容をまとめ、班ごとに発表することになりました。

あきら：　図書館で見つけた本の内容の一部を、【資料】としてコンピュータで打ち直してきたよ。

【資料】　※には（注）がある。

一　ラッコは北の海にすんでいて貝、ウニ、カニなどを食べます。そのために北太平洋の沿岸で漁業に害があるということで※駆除されました。ところが思わぬことに、①こうしてラッコを少なくしたら、※漁獲高が増えるどころか減ってしまったのです。なんだかなぞなぞのようです。

二　そこでこの場所の生物を調べてみたら、コンブが少なくなっていることがわかりました。コンブは陸上の森林のように大きな※群落をつくります。そこにはコンブを利用する魚や、さまざまな小動物がすんでいます。魚はほかの魚や哺乳類などから食べられないように、コンブ群落を隠れ家としても使うのです。そのためにコンブがなくなったせいで漁獲高が下がったのです。これは関係者が予測もしなかったことです。でもラッコは肉食獣であり、コンブを食べるわけではありません。それなのになぜ、ラッコを減らしたらコンブが減ったのでしょうか。

三　ラッコはウニを大量に食べますが、そのウニがコンブを食べるのです。ですからラッコを駆除したら、ウニが増え、そのウニがコンブを食べてしまったのです。こうして、まわりまわってラッコの駆除がコンブ群落を減らし、それが魚を獲れなくしたのです。この反省からラッコを回復させたところ、コンブ群落ももどってきて魚も獲れるようになりました。

四　この話は②重要な教訓を含んでいます。ラッコは確かに海産物を食べ、漁業被害を出す動物です。しかし、生きものがつながって生きているという自然のしくみを知らないで、ラッコが犯人に違いないと決めつけて駆除したのはまちがいだったのです。生態学者がそのしくみを明らかにしたおかげで、ラッコは着せられていた※ぬれぎぬを払うことができたのを知ると、ほっとしたような気持ちになります。

（高槻成紀『野生動物と共存できるか』岩波ジュニア新書から……一部省略等がある。）

（注）駆除………害をあたえるものを追い払うこと
漁獲高……漁師が獲った魚などの量、またはそれを金額で示したもの
群落………植物が群がって生えていること
ぬれぎぬ…自分がそのことに関わった記おくがない罪

みどり：　海の生物の関係が取り上げられていたよね。この【資料】を使って、発表に向けてまとめてみよう。

あきら：　そうだね。まずは、もう一度【資料】を読み直してみようよ。

課題1

本と【資料】を見比べて確認すると、【資料】には次の一文がぬけていました。次の一文は、第一段落から第四段落のいずれかの最初の部分に入ります。どの段落の最初の部分に入るか、段落の番号を書いてみよう。

第　　段落

その答えはウニにありました。

みどり：　次は、【資料】の言葉を使って内容を整理していこう。

課題2

【資料】の①――部について、その理由がわかるようにラッコの駆除から漁獲高の減少までの過程をまとめてみよう。ただし、七十字以内で書くこと。

20字　40字　60字　70字

あきら：　発表の最後は、この【資料】から学んだことを伝えたいね。

みどり：　【資料】の第四段落に「重要な教訓」という言葉があるよ。「教訓」は、今後に教えを生かすことだから、「〜について考えることが大切だ。」というふうに、まとめてみようよ。

あきら：　いい考えだね。そうしよう。では、【資料】から「重要な教訓」として考えられる部分を探してみよう。

課題3

【資料】の②――部「重要な教訓」として考えられる部分を、【資料】から二十四字でぬき出して書いてみよう。

について考えることが大切だ。

研究2　買い物から考えよう

あきらさんとお母さんは，買い物先で，（図１）のような直径40cmのピザ１枚と直径20cmのピザ５枚を買いました。

（図１）

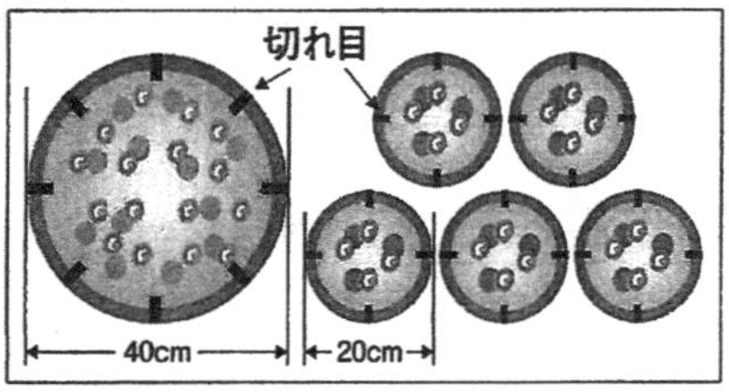

あきら：　大きいピザは８等分，小さいピザは４等分するための切れ目「━」があるね。
　この切れ目を使って，家族６人にピザが余らないように公平に分けたいね。

お母さん：　大きいピザを直径40cmの円，小さいピザを直径20cmの円と考えて，１人あたりの面積が等しくなるようにすればいいね。

あきら：　（図２）のように，ピザを円として，切れ目「－」と円の中心「・」を使って直線をかき入れ，わたしの分を①，お母さんの分を②として色をぬってみたよ。

（図２）

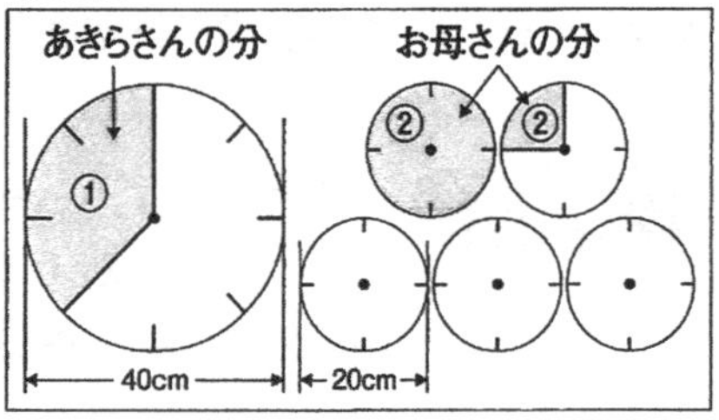

課題１　①と②はそれぞれ，１人あたりの面積が等しくなるように６人に切り分けたときの１人分になっているといえますか。ことばや式などを使って，それぞれの面積を求めて説明してみよう。
　ただし，円周率は3.14とします。

説　明

①は，１人あたりの面積が等しくなるように
６人に切り分けたときの１人分になっていると（　　　　　　　　　）。

②は，１人あたりの面積が等しくなるように
６人に切り分けたときの１人分になっていると（　　　　　　　　　）。

あきらさんたちは，手や指を消毒するアルコール消毒液を探していると，「つめかえ用消毒液」のほかに「無水エタノール」と書かれた商品を見つけました。

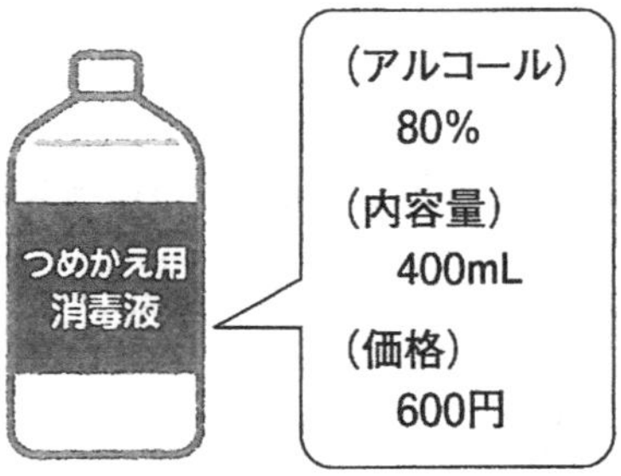

つめかえ用消毒液

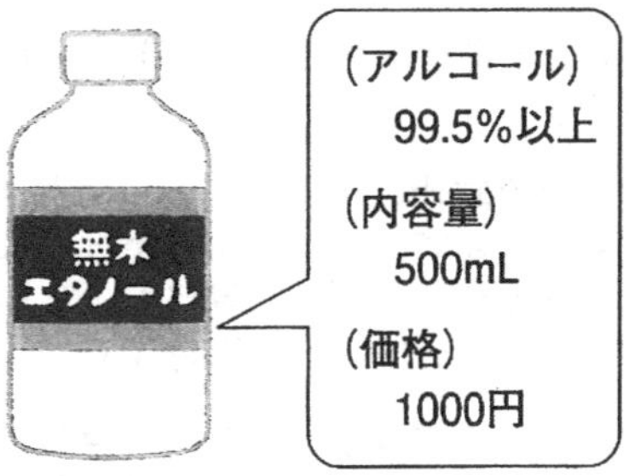

無水エタノール

あきら：　「無水エタノール」も手や指の消毒に使えるのかな。

お母さん：　「無水エタノール」もアルコールの一種で，水でうすめると，消毒液として手や指の消毒にも使えると思うよ。どのようにうすめればいいか，店員さんに聞いてみよう。

店　員：　「無水エタノール」80mLに水を加えて全体が100mLになるようにうすめると，「つめかえ用消毒液」とほぼ同じアルコールの割合になるので，手や指の消毒液として使えます。

あきら：　「無水エタノール」を店員さんの説明のようにうすめて使うとすれば，値段（ねだん）のわりに消毒液の量が多いのはどちらの商品になるのかな。

課題2　「無水エタノール」を店員さんの説明のようにうすめて消毒液として使うとき，値段のわりに消毒液の量が多いのは，「つめかえ用消毒液」と「無水エタノール」のどちらの商品になりますか。ことばや式などを使って説明してみよう。
ただし，うすめるときに使用する水の料金は考えないものとします。

説　明

値段のわりに消毒液の量が多いのは，(　　　　　　　　　　)になる。

研究3　時代の変化から考えよう

　みどりさんとあきらさんは，タブレット端末に保存している，社会科の学習で使った資料を見ながら話をしています。

みどり：　明治時代に活やくした（資料１）の人物について学習したね。いろいろな研究に取り組んでいたことがわかったね。
あきら：　そうだね。でも，（資料１）の人物がおこなったことのいくつかは，鎖国という政策がおこなわれていた江戸時代では，実現できなかったと思うよ。

（資料１）タブレット端末に保存している資料の一部

【人物Ａ】

【人物Ａに関するおもなできごと】

- 1876年，福島県で生まれました。
- 1900年，アメリカに行き，その後，へび毒の研究内容について発表しました。
- 1913年，講演をおこなうため，ヨーロッパ各地を訪れました。
- 1918年，エクアドルで黄熱病の研究に取り組み，その後，ブラジルなどでも黄熱病の研究をしました。
- 1928年，ガーナで黄熱病の研究を進めましたが，黄熱病にかかり，この世を去りました。

課題１　（資料１）の【人物Ａ】の名前を書いてみよう。
　また，鎖国という政策がおこなわれていた江戸時代では実現できなかったと考えられることを，（資料１）の【人物Ａに関するおもなできごと】の内容を使って書き，そう考えた理由もあわせて書いてみよう。
　ただし，理由には，鎖国という政策の内容を具体的に書くこととします。

【人物Ａ】の名前

実現できなかったと考えられること

理　由

（資料２）自由民権運動の演説会の様子

みどり：　時代の移り変わりによって，いろいろなことが変化してきたね。
あきら：　（資料２）から，当時は演説会などが厳しく取りしまられていたと学習したね。でも，今は自由にできることが増えていると感じるよ。
みどり：　そうだね。わたしたちが自由にできることが増えたのは，日本国憲法（けんぽう）で保障されているからだと思うよ。

課題２　（資料２）から，この当時，取りしまりにより制限されていたことがあったとわかります。その制限されていたことは，現在の日本国憲法の三つの原則のうち，どの原則と深く関わっていますか。関わりのある原則を１つ書いてみよう。また，その原則の内容について説明してみよう。

原　則	
説　明	

あきら：　時代が変化しても，変わらないものもあるのかな。
みどり：　税を納めるということは今も変わっていないけれど，時代によって税の納め方はいろいろあったよ。
あきら：　そうだね。明治時代になって，税の納め方が大きく変わったと学習したね。
みどり：　明治政府がおこなった地租（そ）改正によって，お金で税を納めるようになったのだったね。

課題３　明治政府が地租改正をおこない，税をお金で納めさせた理由を書いてみよう。

理　由	

研究４　夏休みに出かけたことから考えよう

あきらさんの家族とみどりさんの家族は，いっしょにキャンプへ行き，バーベキューをしています。あきらさんたちは，（写真１）のように，金属製のくしに肉をさして焼いています。

あきら：　少し時間がたったので，肉がこげないように，ひっくり返そう。

みどり：　金属製のくしが熱くなっているから気をつけてね。

あきら：　コンロにある炭の真上の部分は，直接熱せられているけれど，取っ手の部分は炭の真上にないから大丈夫(だいじょうぶ)だよ。
（図１）
あれ，Ｂのほうが炭に近いのに，Ａのほうがあたたかいよ。

（写真１）

（図１）

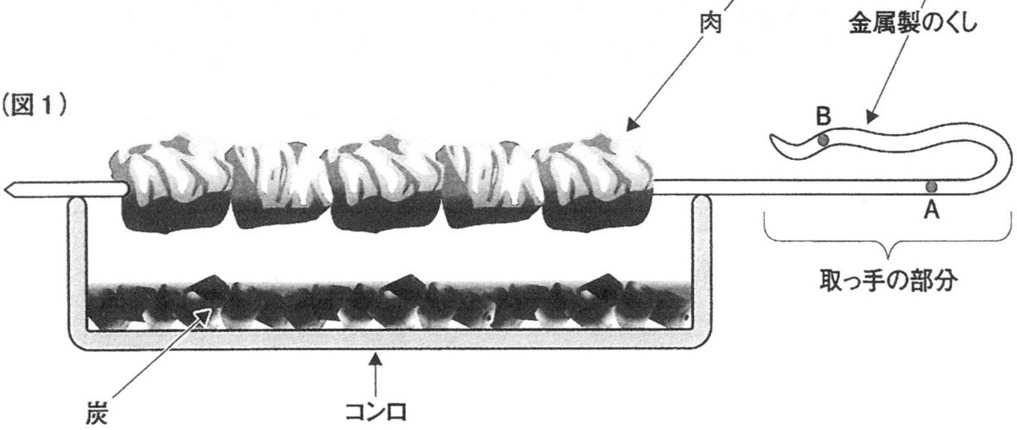

課題１　ＢよりＡのほうがあたたかい理由を，もののあたたまり方から書いてみよう。

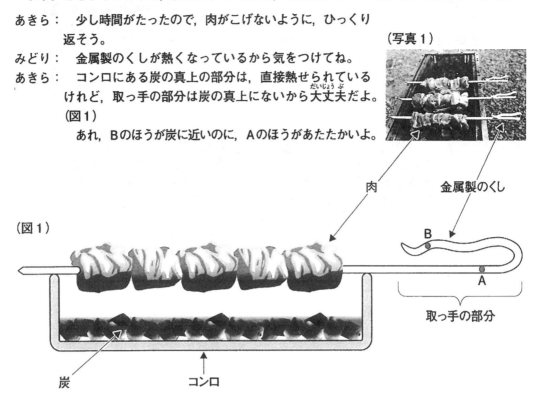

理　由

あきらさんたちは，バーベキューの後片付けをしながら話をしています。

あきら：　コンロにある炭は，まだ赤くてほのおを出さずに燃えているよ。
みどり：　明日の朝も使えるようにしておきたいね。水で火を消してしまうと，朝までに，かわかないから，使えなくなってしまうね。
お父さん：　持ってきている一部の道具（写真２）を使って，火を消す方法を考えてごらん。炭は，お父さんがスコップで移してあげるよ。

（写真２）あきらさんたちが持ってきている一部の道具

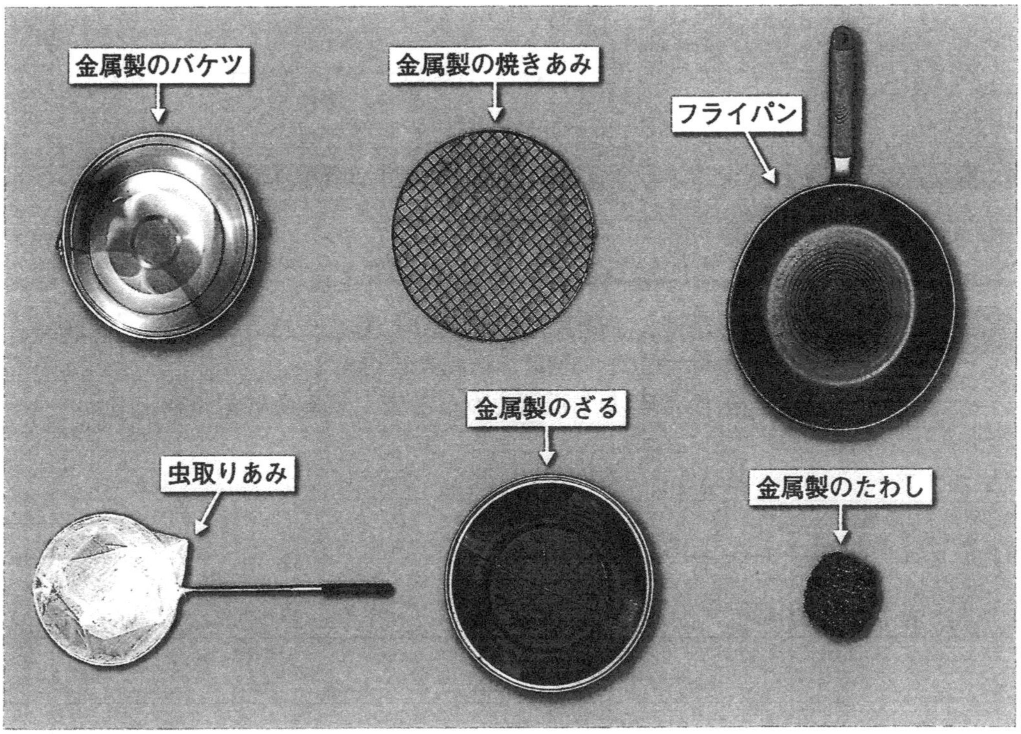

課題２　（写真２）の中の道具を１つ以上使って，炭の火を消す方法を書いてみよう。また，その方法で火が消える理由を書いてみよう。

方　法

理　由

午後８時になり，あきらさんたちはキャンプ場で空を見上げ，星座の話をしています。

あきら：　東の空に，はくちょう座を見つけたよ。（図２）
みどり：　本当だ。この後，はくちょう座はどのように見えるのかな。後で見に来たいね。
お父さん：　午後10時に，またここへ見に来ることにしよう。

（図２）

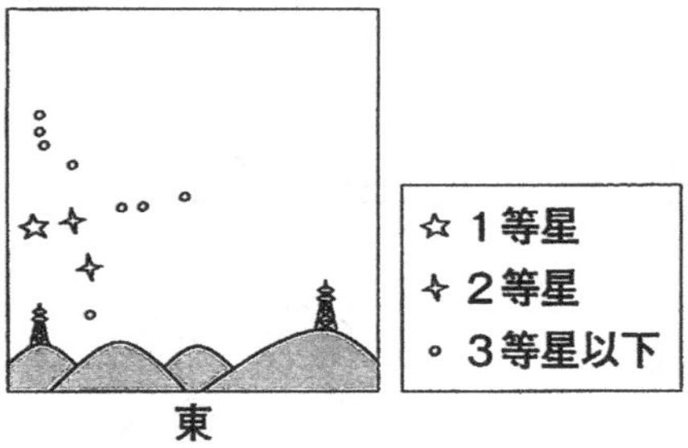

課題３　同じ場所で，午後10時に見えると考えられるはくちょう座を，ア～エの中から１つ選び，選んだ記号を　　に書いてみよう。また，星がそのように見えると考えた理由を書いてみよう。

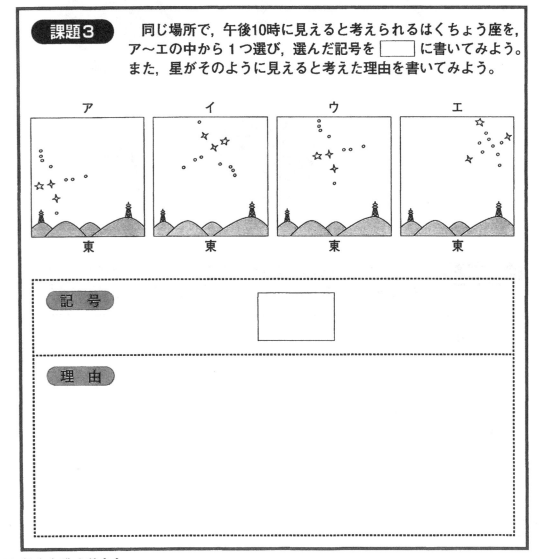

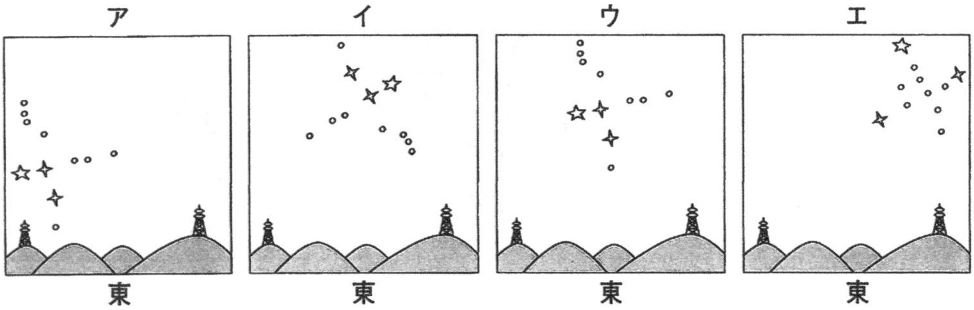

記　号

理　由

受検番号	

※100点満点
（配点非公表）

令和４年度

和歌山県立中学校
適 性 検 査 Ⅱ

（10：15～11：00）

（注 意）

1 「はじめ」の合図があるまで，この冊子を開いてはいけません。

2 「はじめ」の合図があったら，まず，受検番号を記入しなさい。

3 適性検査は，どこから始めてもかまいません。

4 解答は，すべてこの冊子の ⬚ で囲まれた場所に記入しなさい。

5 計算などは，この冊子の余白を使いなさい。

6 印刷が悪くてわからないときや筆記用具を落としたときなどは，だまって手を挙げなさい。

7 時間内に解答が終わっても，そのまま着席していなさい。

8 「やめ」の合図があったら，すぐに解答するのをやめ，冊子の表紙を上にして机の上に置きなさい。

この適性検査には，「みどりさん」と「あきらさん」たちが登場します。
いっしょに，いろいろな課題について考えてみよう。

研究１　発表会から考えよう

みどりさんとあきらさんは，体育館で行う委員会活動の発表会に向けて，コンピュータのプレゼンテーションソフトを使ってスライドを作成しようとしています。

みどり：　このプレゼンテーションソフトのスライドには，（図１）のように，たての長さと横の長さの比が３：４の長方形の形をした「標準」と，たての長さと横の長さの比が９：16の長方形の形をした「ワイド画面」があるね。

（図１）

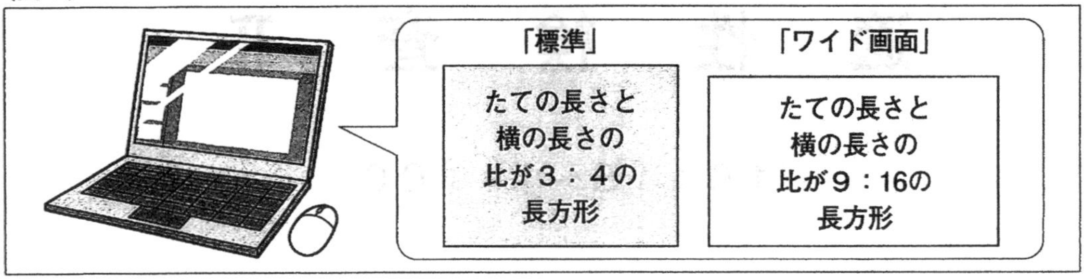

あきら：　体育館のスクリーンの映し出せるところは，（図２）のように，たての長さ3.6m，横の長さ5.6mの長方形だけれど，できるだけ大きな面積でスライドを映し出すほうが，文字が大きくなっていいよね。

（図２）

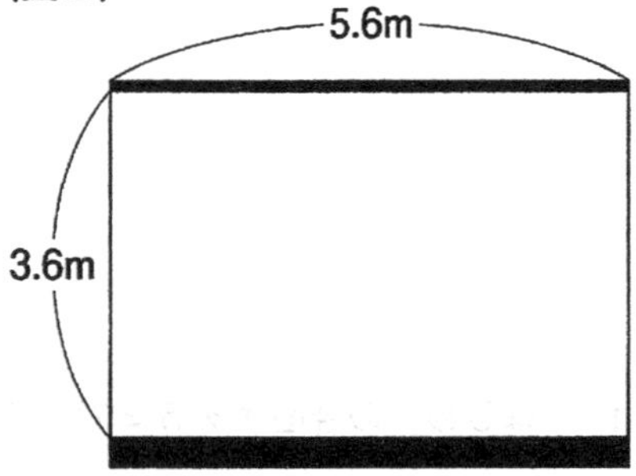

みどり：　「ワイド画面」のスライドを，たて3.6mに合わせて映し出すと，横がはみ出しそうだね。

あきら：　スクリーンからはみ出さずに，できるだけ大きな面積でスライドを映し出すには，「標準」と「ワイド画面」のどちらを選べばいいのかな。

「標準」

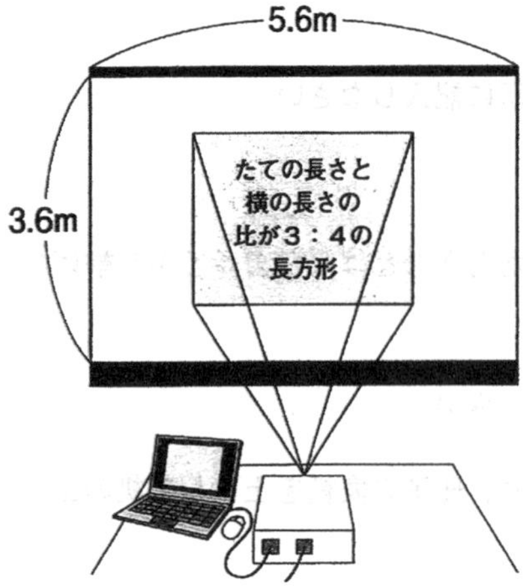

「ワイド画面」

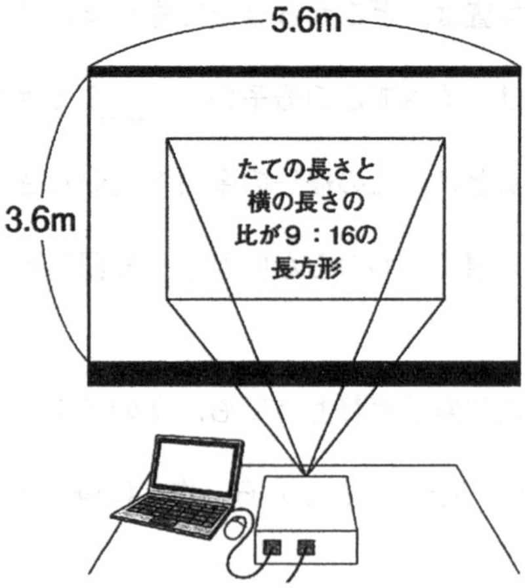

課題1　スライドをスクリーンからはみ出さずに，できるだけ大きな面積で映し出すには，「標準」と「ワイド画面」のどちらを選べばよいですか。ことばや式などを使って説明してみよう。
　ただし，映し出される形は，もとのスライドと形が同じ長方形であるものとします。

説　明

（　　　　　　　　　　）を選べばよい。

みどりさんたちは，学習発表会で配られた２つの資料を見ながら話をしています。

（資料1）都道府県別のみかんのしゅうかく量の割合

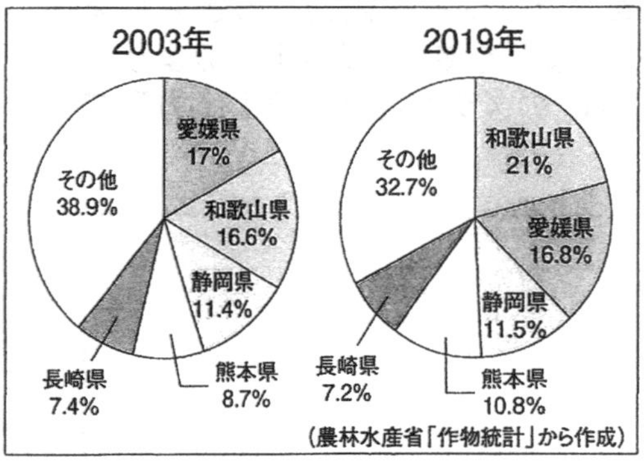

（資料2）全国のみかんのしゅうかく量

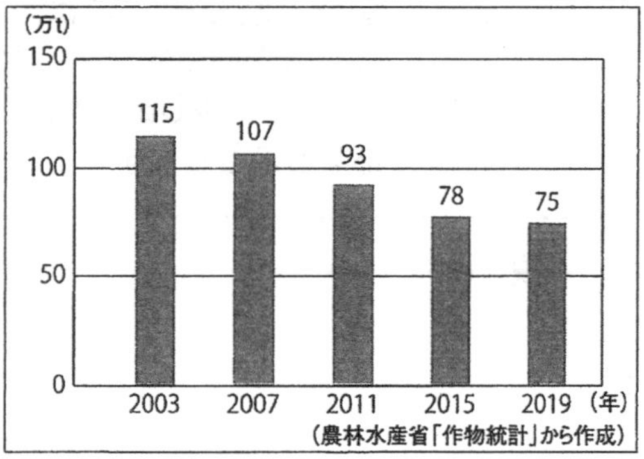

みどり：　（資料１）を見ると，和歌山県のみかんのしゅうかく量は，2003年は全国２位だったけれど，2019年では全国１位になっているね。

あきら：　愛媛県や静岡県のしゅうかく量の割合は，2003年と2019年であまり変わっていないけれど，和歌山県の割合は2003年の16.6%から2019年には21%に増えているね。
和歌山県のしゅうかく量は，2019年のほうが2003年より増えているのかな。

みどり：　（資料２）を見ると，全国のみかんのしゅうかく量は減っているよ。
和歌山県はどうかな。

課題２　和歌山県の2019年のみかんのしゅうかく量は，2003年のみかんのしゅうかく量と比べて増えていますか，それとも減っていますか。ことばや式などを使って説明してみよう。

説　明

和歌山県の2019年のみかんのしゅうかく量は，
2003年のみかんのしゅうかく量と比べて（　　　　　　　　　　）。

研究2　科学クラブの活動から考えよう

あきらさんとみどりさんは，植物のポトス（写真１）について話をしています。

（写真１）

あきら：　部屋にかざっている花びんに入れたポトスのようすを，２日間ほど見ていなかったら，花びんの水がずいぶん減っていたよ。

みどり：　どうしてなのかな。

先　生：　水が減った理由を調べるために，花びんの水のゆくえを確かめる実験を考えてみましょう。

【あきらさんたちが考えた実験の手順と結果】

手順①　同じびんを３つ用意し，水面の位置の変化がわかるように印を付ける。
手順②　ＡとＢのびんには，印まで水を入れ，Ｂのびんは綿でふたをする。
手順③　Ｃのびんには，花びんの中のポトスを１本取り出して入れ，印まで水を入れる。
手順④　Ａ，Ｂ，Ｃのびんを日光の当たる場所に置き，2日後の水面の位置の変化を観察する。
　※室内の温度は，一定となるよう調節する。

A	B	C
 印	 綿	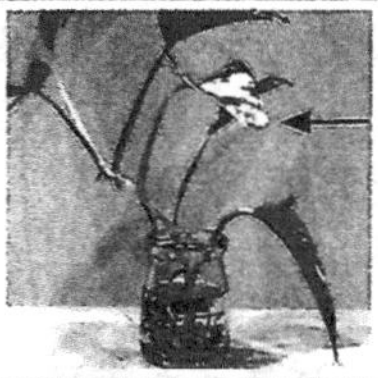 ポトス
（結果）水面は5mm下がった。	（結果）水面はほとんど変化がなかった。	（結果）水面は20mm下がった。

あきら：　Ａの水面は5mm下がったけれど，Ｂの水面はほとんど変化がなかったね。ＡとＢの結果から，びんの中の水が蒸発して，空気中に出たということがいえるね。

先　生：　そうですね。

みどり：　Ｃの水面は20mm下がったね。ＡとＣの結果から，蒸散したということになるよね。

先　生：　そうかな。蒸散したということまではいえないと思いますよ。

課題１　ＡとＣの結果から，どのようなことがいえるか，説明してみよう。また，蒸散したということを確かめるには，Ｃを使って，どのような実験を行えばよいか，その方法を書いてみよう。

説　明

実験の方法

あきらさんは，みどりさんに，家で料理をしていたときのことについて，話をしています。

あきら：　枝豆のさやをむいていたら，豆の皮までむけて，２つにわれてしまったよ。(図１)

(図１) あきらさんが料理に使おうとした枝豆

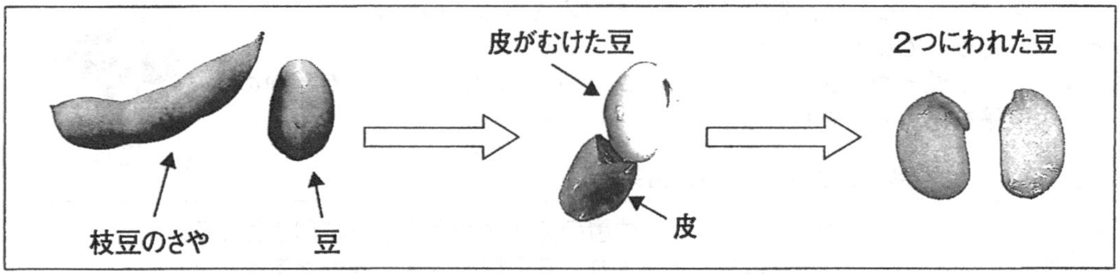

みどり：　枝豆の豆の形は，インゲンマメと似ているね。
あきら：　科学クラブの先生に聞いてみると，枝豆の種子は，インゲンマメの種子と同じつくりだと教えてくれたよ。
みどり：　(図１) の２つにわれた豆は，(図２) のように，根・くき・葉になる部分と子葉に分けられるね。
あきら：　皮がむけた豆，２つにわれた豆，根・くき・葉になる部分のそれぞれは，時間がたつとどのように変わるのかな。実験してみよう。

(図2) 枝豆の種子のつくり

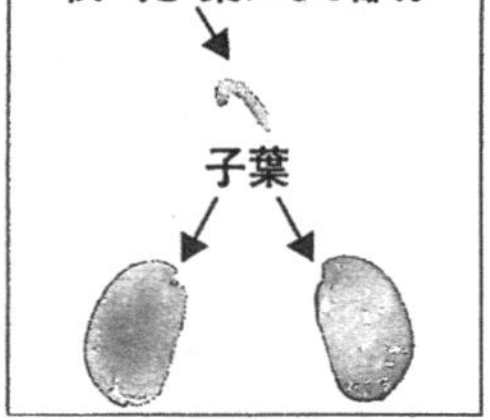

【あきらさんが考えた実験】

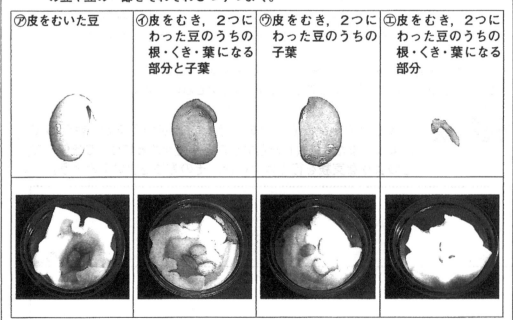

手順①　４つのカップを用意し，その中に水でぬらしただっし綿を入れ，㋐，㋑，㋒，㋓の豆や豆の一部をそれぞれ３つずつまく。

㋐皮をむいた豆	㋑皮をむき，２つにわった豆のうちの根・くき・葉になる部分と子葉	㋒皮をむき，２つにわった豆のうちの子葉	㋓皮をむき，２つにわった豆のうちの根・くき・葉になる部分
	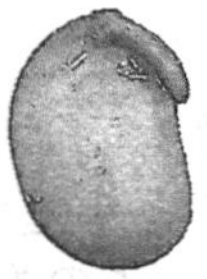		
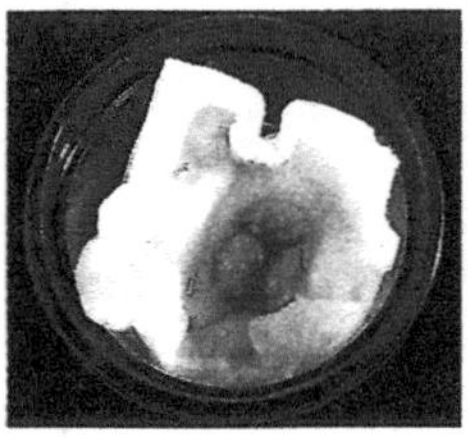	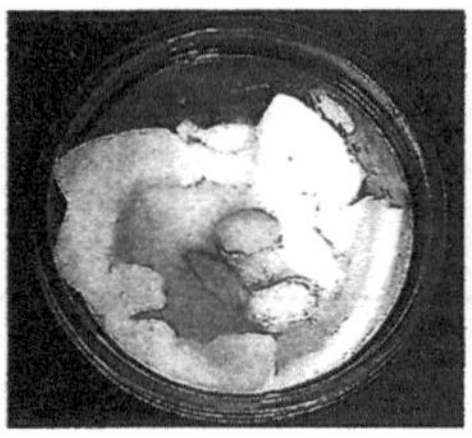	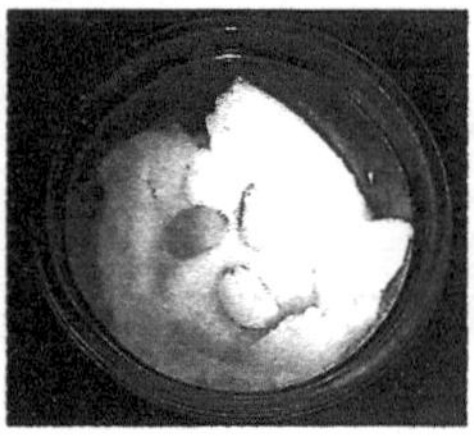	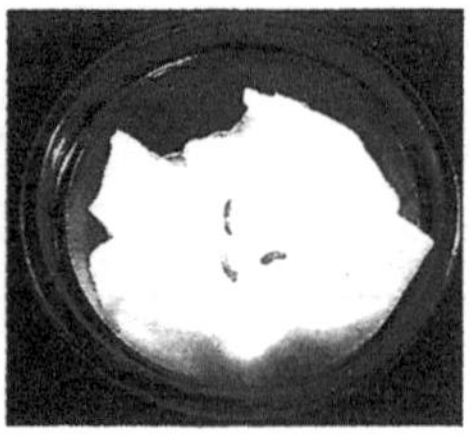

手順②　だっし綿がかわいてしまわないように水をあたえながら，10日後の結果を観察する。
※カップはすべて，発芽に適した温度の室内で日光が当たらない場所に置く。

令和四年度

和歌山県立中学校

作文

（十一時十五分～十二時）

受検番号

（注　意）

一　「はじめ」の合図があるまで、開いてはいけません。

二　「はじめ」の合図があったら、まず、受検番号をこの冊子と原稿（こう）用紙の二か所に記入しなさい。

三　作文は冊子の中にある原稿用紙に書きなさい。

四　印刷が悪くてわからないときや筆記用具を落としたときなどは、だまって手を挙げなさい。

五　時間内に書き終わっても、そのまま着席していなさい。

六　「やめ」の合図があったら、すぐに書くのをやめ、二枚重ねて置きなさい。

2022(R4) 和歌山県立中
教英出版

□一 次の文章を読んで、あとの問いに答えなさい。

※には（注）がある。

※棋士になって、※対局中は黙って考えているが、意外にも話をしたりする機会も多い。スピーチや解説、イベントでのトークなどがあり、最初は戸惑った。初めて将棋祭りで解説をしたときなどは、聞きづらかったのか、お客さんから「声が小さいぞー」と言われる始末。将棋のことならなんとか話はできるが、そのうちに講演まで依頼されるようになってしまった。

人前で話すことがとにかく苦手だ。それは子どもの頃からずっと変わらない。話をする以前に、人前に出ることがダメ。だから将棋をやってきたようなところもある。プロになってからも、最初のうちはタイトル戦でスピーチする、抱負を一分で語る、のでさえ緊張した。

慣れも手伝って、以前ほどの苦手意識こそなくなったが、いまでもできるだけ前に出て話をするのは避けたいと思っているし、これは一生、変わらないようだ。

ただ、ある程度あきらめているところもある。それに、そういう話をいただいたとき、避けずに受けるのも大事なことではないかと思うようになってきた。結果、予想以上に講演などの機会が増えてしまったのは計算外だった。うっかり大きな対局の直前に講演が入ってしまう、などということもしばしばだ。

たとえば来月の一日に順位戦があるというとき、今月三十日に講演が入っていたりする。タイトル戦の最中、対局と対局の合間に遠くの集会に呼ばれていたりする。もちろん、わざわざその日程を承知であえて受けるようなことはしない。しかし、そうなってしまうことはあるのだ。

基本的に、講演会などの依頼は一年前だとか遅くとも半年前にはきて、予定を決めることになる。一方で対局の日程は早くて一カ月、遅いと二週間前にならないと分からない。しかし、そんなことは、依頼するほうは知る※由もない。だから、仕方のないことではあるのだが、これは自由業ならではのことなのかもしれない。ただ、そのお陰でいろいろな場所、組織、人にお会いさせていただくことができた。

自分の想像を超えたところで経験をすることは大きな刺激になるし、次へ進んでいく推進力にもなると考えている。たしかに誰でもダメなもの、苦手なものはあるが、それを理由に自分で自分の限界を決めてしまっている面もあり、そこで終わりにしてはいけないと、自身では気づいているところもあるはずだ。そうしてその※葛藤は何かしらの満足が得られるまではずっと続いていくのだろう。

よく、※転機という言葉が使われるが、たしかに自分が予想しなかった何らかの出来事で状況が変わることはある。しかし、転機は自発的な行動の中から生まれてくるもので、その小さなきっかけを意識的にたくさんつくっておけば、訪れる転機の回数も増えるのだと思う。それを活かせるかはまた別の話ではあるのだが、切り替えを早くしたり、行き詰まった状況を※打開するには転機のきっかけをつくるのが重要だと考えている。

転機とは「天気」のようなもので、いつ、どのように変わるかは分からない。晴れたら海で泳ぎ、雪が降ったらスキーをするぐらいの感覚でちょうどいいのかもしれない。

（羽生　善治『直感力』ＰＨＰ研究所から……一部省略等がある。）

500字

600字

700字

受検番号

※50点満点
（配点非公表）

（注意）

・原稿用紙の正しい使い方にしたがって書きなさい。ただし、題名や名前は書かず、一行目から書き始めなさい。

・文章を直すときは、次のように書き直してもかまいません。

お~~兄さん~~（兄）が、私に、一冊の（新しい）本をくれました。

100字

200字

300字

400字

（注）
棋士 ＝ 将棋をすることを職業にしている人
対局 ＝ 向かい合って、二人で将棋をすること
由 ＝ てだて・手段
葛藤 ＝ 心の中で、どうしたらいいか迷い、なやむこと
転機 ＝ それまでの状態が別の状態にかわるきっかけ
打開 ＝ 解決すること

【問い】 **筆者が本文中の――線部のように述べているのは、なぜだと思いますか。次の条件に合わせて六〇〇字程度にまとめて書きなさい。**

（条件）
・筆者が――線部のように述べている理由を本文中の言葉を用いて書くこと。
・あなたが――線部について考えたことを、自分の経験をまじえて書くこと。

【実験の結果】

㋐

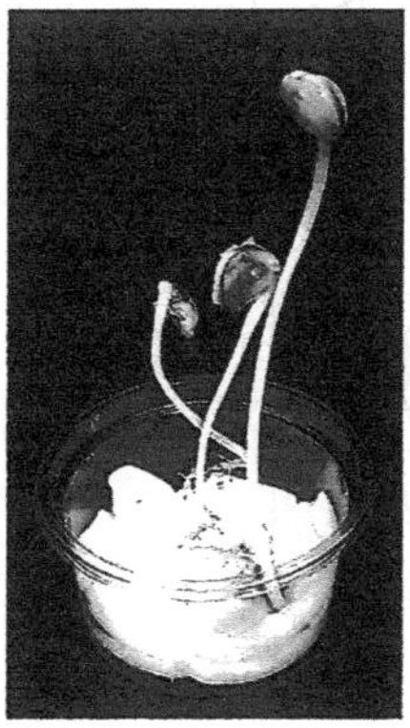

伸(の)びた長さは，
平均18cmだった。

㋑

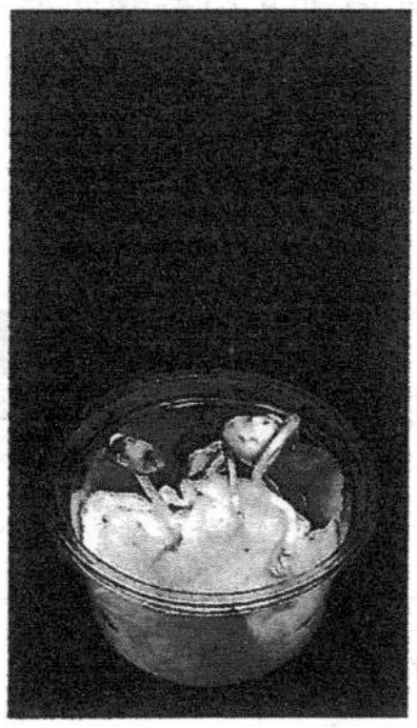

伸びた長さは，
平均５cmだった。

㋒

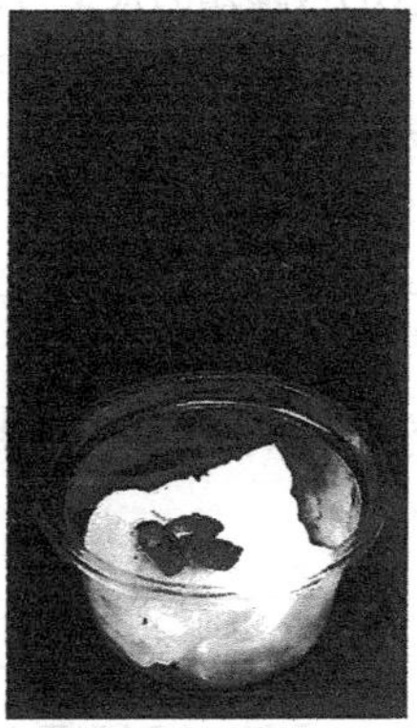

発芽も成長も
しなかった。

㋓

伸びた長さは，
平均1.5cmだった。

みどり：　【実験の結果】を見ると，㋑でも発芽して成長するんだね。
あきら：　どうして発芽や成長のようすにちがいが出たのかな。
先　生：　㋑をもとにして考えると，わかりやすいですよ。㋑と㋐，㋒，㋓のそれぞれを比べてみましょう。

課題２　【実験の結果】の㋑と比べて，㋐，㋒，㋓にちがいが出たのはどうしてですか。㋐，㋒，㋓のそれぞれについて，種子のつくりや子葉のはたらきから理由を書いてみよう。

理　由

㋐

㋒

㋓

次の週，みどりさんたちは，水よう液をテーマにした活動をすることにしました。

みどり：　先生に，食塩水，うすい塩酸，重そう水，炭酸水，うすいアンモニア水を用意してもらったよ。これらの５種類の水よう液を区別する実験を考えてみよう。

あきら：　多くの実験をする必要があるのかな。まずは，それぞれの水よう液のにおいを調べる実験をしてみるね。

【においを調べる実験】

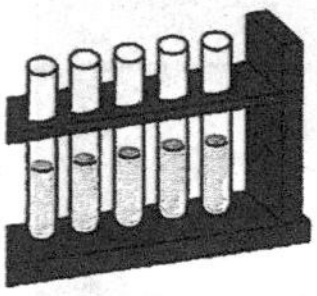

それぞれの水よう液のにおいを調べる。

あきら：　【においを調べる実験】の結果，つんとしたにおいがした水よう液が２種類，においがなかった水よう液が３種類あったよ。

みどり：　【においを調べる実験】で，２つの仲間に分けられた水よう液は，それぞれどんな実験をすれば，５種類に区別することができるのかな。

先　生：　この後，【もう１つの実験】をすることで，２つの仲間に分けられた水よう液は，５種類に区別することができますよ。

課題３　５種類の水よう液を区別するために必要な【もう1つの実験】の方法を書いてみよう。また，【においを調べる実験】をした後，【もう1つの実験】をすることで，水よう液を５種類に区別することができる理由を，2つの実験の結果を使って書いてみよう。

【もう１つの実験】の方法

理　由

研究3　学級のお楽しみ会から考えよう

(同じ条件のもと発射する)

　みどりさんとあきらさんは，お楽しみ会の「ロケット飛ばし」で飛ばすペットボトルロケットを２つ作成しました。

みどり：　代表として飛ばすロケットは１つだから，Ａのロケットと Ｂのロケットのどちらかに決めないといけないね。

あきら：　２つのロケットをそれぞれ，20回ずつ飛ばして，その結果から決めてみよう。

Aのロケットの記録

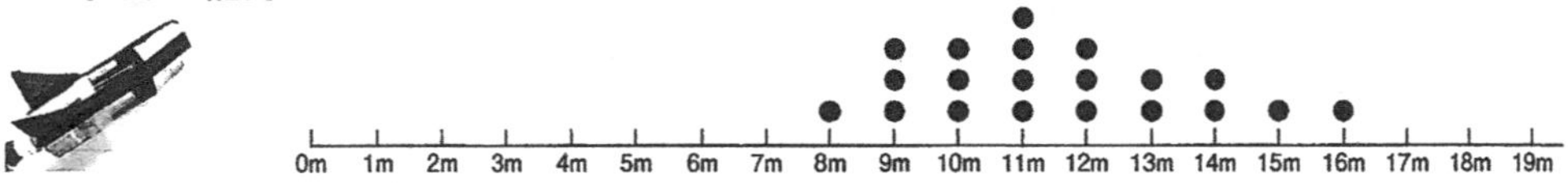

Bのロケットの記録

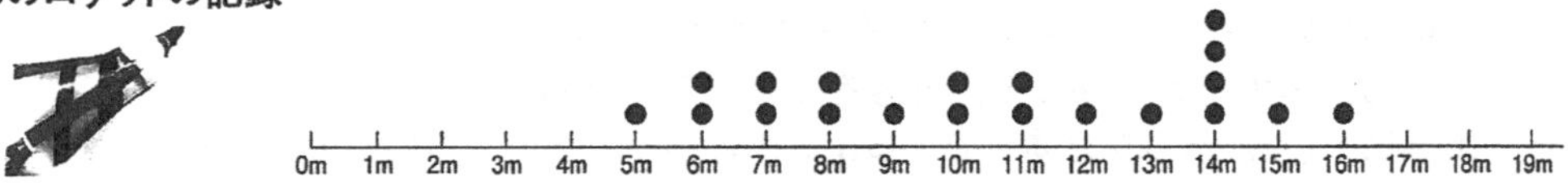

みどり：　どちらのロケットを代表に選べばいいのかな。

あきら：　【ロケット飛ばしのルール】に合わせて選ぶ必要があるね。

【ロケット飛ばしのルール】
代表のロケットを１回飛ばし，
飛んだきょりで勝敗を決める。

課題１　ＡとＢのロケットの記録から，それぞれのロケットの平均値，中央値，最頻値を求めて表に書いてみよう。また，あなたなら代表にどちらのロケットを選びますか。ＡとＢのどちらか一方のロケットを選び，選んだ理由について，それぞれのロケットの代表値とことばなどを使って説明してみよう。

　ただし，どちらのロケットを選んで説明してもかまいません。

表

	平均値(m)	中央値(m)	最頻値(m)
Ａのロケット			
Ｂのロケット			

説　明　（　　　　）のロケット

みどりさんたちは，材木店で作ってもらった（図１）のような直方体の積み木を使って，お楽しみ会のゲームができないか考えています。

（図１）

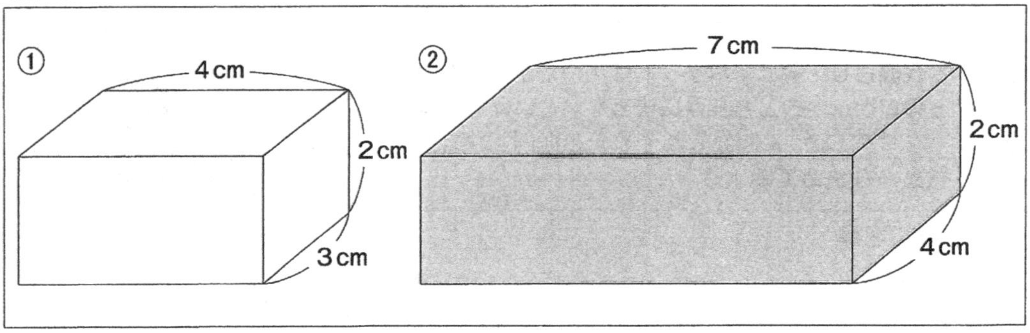

みどり：　積み木は①と②の２種類，どちらも直方体で，500個ずつあるよ。

あきら：　積み木を使って，立方体を作るゲームはどうかな。

みどり：　①の積み木だけを使って，向きをそろえてすき間なく積み上げると，（図２）のように１辺12cmの立方体ができるよ。①の積み木をいくつ使っているのかな。

あきら：　横に３個，たてに４個，上に６個積むから，使う積み木の数は，３×４×６で①の積み木を72個使うよ。

みどり：　②の積み木だけを使うと，（図３）のように１辺28cmの立方体ができるよ。②の積み木をいくつ使うのかな。

あきら：　それだと，横に４個，たてに７個，上に14個積むから，４×７×14で②の積み木を，392個使うよ。

（図２）

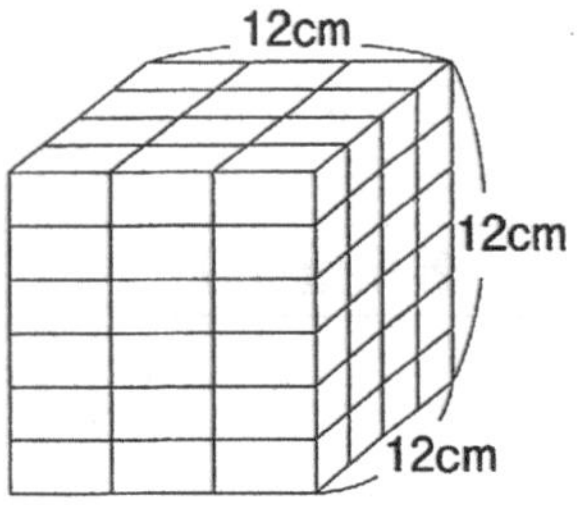

（図３）

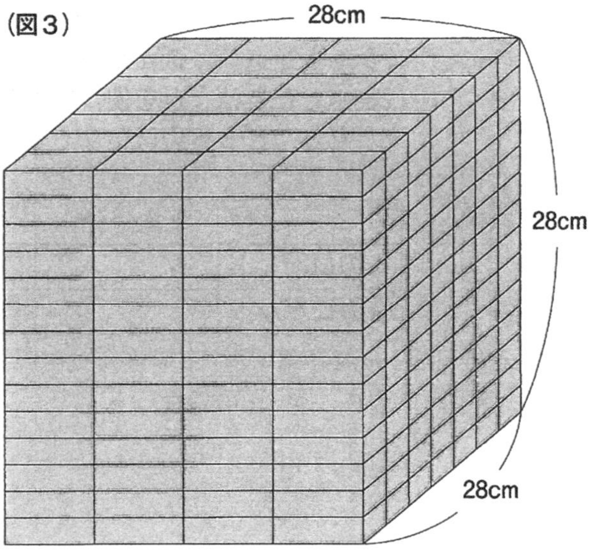

みどり：　じゃあ，①の積み木と②の積み木の両方を使っても，立方体を作ることができると思うよ。

あきら：　それは，１辺の長さが何cmの立方体ができるのかな。

みどり：　そのときに使う①の積み木と②の積み木は，それぞれいくつ使うことになるのかな。

課題2　①の積み木と②の積み木の両方を使って，すき間なく積み上げてできる立方体の1辺の長さは何cmになりますか。また，そのときに使う①の積み木と②の積み木は，それぞれ何個ですか。ことばや式，図などを使って説明してみよう。

ただし，使用する積み木の数は，それぞれ500個以内とします。

説　明

立方体の1辺の長さ　(　　　　　　)cm

積み木の個数

①の積み木　(　　　　　　)個

②の積み木　(　　　　　　)個

県立古佐田丘中学校
県立向陽中学校
県立桐蔭中学校
県立日高高等学校附属中学校
県立田辺中学校

受検番号	

※100点満点
（配点非公表）

令和３年度

和歌山県立中学校
適性検査Ⅰ

（９：１５～１０：００）

（注　意）

1　「はじめ」の合図があるまで，この冊子(さっし)を開いてはいけません。

2　「はじめ」の合図があったら，まず，受検番号を記入しなさい。

3　適性検査は，どこから始めてもかまいません。

4　解答は，すべてこの冊子の［　　］で囲まれた場所に記入しなさい。

5　計算などは，この冊子の余白を使いなさい。

6　印刷が悪くてわからないときや筆記用具を落としたときなどは，だまって手を挙げなさい。

7　時間内に解答が終わっても，そのまま着席していなさい。

8　「やめ」の合図があったら，すぐに解答するのをやめ，冊子の表紙を上にして机の上に置きなさい。

この適性検査には、「あきらさん」と「みどりさん」たちが登場します。
いっしょに、いろいろな課題について考えてみよう。

研究1　読み取った内容から考えをまとめよう

あきらさんとみどりさんは、自然体験教室に参加しました。

教室では、自然体験をとおして、様々なことを学びます。昆虫や小動物とふれあう活動もあり、生きもののかけがえのない命について、みんなで考えます。

この教室の中で、先生が、次の資料を紹介してくれました。

【資料】

「お母さん、カブトムシが動かなくなったからお金ちょうだい」
「いいわよ。だけど、どこまで（新しいカブトムシを）買いにいくの」
「近くのコンビニ（コンビニエンス・ストアー）」
「コンビニ？」
「うん、電池を買ってくるんだ。カブトムシの電池を替えてあげるんだよ」

『理工教育を問う』（産経新聞社社会部編、新潮文庫、一九九八年）より引用

小学校低学年の男の子と母親の会話です。男の子は、飼っていたカブトムシが動かなくなった（死んでしまった）ので、（　　　Ｉ　　　）のでしょう。

二〇年ほど前になりますが、私はこの話を読んだときにたいへんショックを受けました。

子どもたちが自然の中で遊ぶ機会が少なくなり、生きものと接することが少なくなってきたことと、生きものそっくりなおもちゃなどがつくられるようになり、自然のものと人工のものとの違いがわかりにくくなってきたためなのでしょうか。

それにしても、このような子どもたちに「生きている」こと、あるいは「死ぬ」ということをどのように説明したらよいでしょう？　あなたなら、生きもののカブトムシと電池で動くおもちゃとの違いを、どのように説明しますか？

あなたは子どものとき、何歳のころから、自分にじゃれてくるイヌやネコ、動物園の動物たちや、手にすると逃げようとしてもがいている昆虫たちが、自分と同じ生きているなかまだと感じたのでしょう？　日々成長し花を咲かせてくれる庭の草やまわりの樹木が、同じように動き変化する川の流れや太陽や月とは違うものだとわかってきたのは、何歳ごろだったでしょう？　大人たちから教えられたり、絵本をよんでもらったりして、わかってきたこともあるでしょう。はっきりとだれに教えられたということもなく、日々の生活のなかで、少しずつ自然とわかってきたことも多いでしょう。

（伊藤　明夫　著『40億年、いのちの旅』岩波ジュニア新書から…一部改変等がある。）

みどり：　わたしたちは、この教室に参加して、自然の中でいろんなことを学べたよね。

課題1　【資料】の中にある「自然」と、意味が反対となる熟語を、【資料】の中から見つけて書こう。

（解答欄）

あきら：　昨日は、自然の中でくらしているカブトムシを観察して、そのカブトムシも、自分たちと同じように生きているなかま、つまり、生きものなんだということを教えてもらったね。

みどり：　だけど、【資料】に登場する男の子は、きっとまだ、生きものとそうじゃないものの違いがわからないんだね。

課題2　【資料】に登場する男の子は、動かなくなったカブトムシをどのようにしようと考えましたか。（　Ⅰ　）にあてはまる内容を、文章から読み取り、二十字以内で書いてみよう。

（解答欄：20字）のでしょう。

みどり：　たぶん、この男の子もこれからいろんな体験の中で気づいていくんだろうね。

あきら：　そうだよね。【資料】の中にも、「生きている」とはどんなことか、子どもたちが自然と身につけていく様子が書かれているね。

課題3　【資料】の後半にある［　　］の中に登場する生きものの様子を一つ挙げて、その様子から「生きている」とはどんなことなのか、あなたの考えをまとめてみよう。ただし、三十五字以上、五十字以内で書くこと。

（解答欄：35字／50字）

研究2　委員会と児童会の発表会から考えよう

あきらさんとみどりさんの学校では，５つの委員会と児童会による発表会を計画しています。話し合いで決まっていることは次のとおりです。

[発表会の流れ]

開会式	委員会①	交代	委員会②	交代	委員会③	休けい	委員会④	交代	委員会⑤	交代	児童会	閉(へい)会式

・開会式が始まってから，閉(へい)会式が終わるまでの時間を85分間以内とする。
・開会式と閉会式の時間は，それぞれ３分間とする。
・５つの委員会がそれぞれ発表する時間は，すべて同じとする。
・交代の時間は，それぞれ２分間とする。
・休けいの時間は，10分間とする。

先　生：　ほかに決めておかなければならないことはありませんか。
あきら：　５つの委員会と児童会がそれぞれ発表する時間は，まだ決まっていません。それぞれの委員会が発表する時間は，10分間ずつ必要だと思います。
みどり：　児童会は全体のまとめも話すので，児童会が発表する時間は15分間必要だと思います。
あきら：　わたしとみどりさんの提案を両方取り入れて，発表会をおこなうことはできるのかな。

課題１　あきらさんとみどりさんの提案を両方取り入れて，決めた計画どおりに発表会をおこなうことができますか。ことばや式などを使って，どのように考えたのか説明してみよう。

説　明

決めた計画どおりに発表会をおこなうことが（　　　　　　　　　　）。

あきらさんは，図書委員会に入っています。図書委員会では，学校でおこなった読書週間について，発表会で伝えるための【発表メモ】を作成しました。

【発表メモ】

読書週間について
○先週の月曜日から金曜日までの５日間おこなった。
○１日に貸し出す本の目標冊数（さっすう）は，どの曜日も同じ冊数とした。
○目標冊数と各曜日に貸し出した本の冊数を比べた結果
- 月曜日：目標より８冊（さつ）多かった。
- 火曜日：目標より５冊多かった。
- 水曜日：目標と同じ冊数だった。
- 木曜日：目標より３冊少なかった。
- 金曜日：目標より12冊多かった。

○１日に貸し出した本の冊数の平均は69.4冊だった。

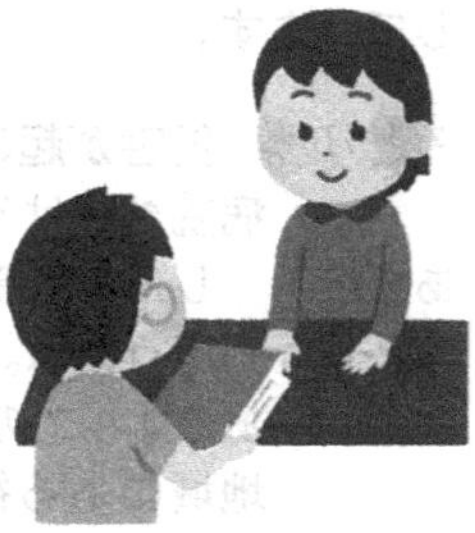

あきらさんは，家に帰ってから，お父さんといっしょに【発表メモ】を見ながら話をしています。

お父さん：　発表を聞いている人がわかりやすいように，１日に貸し出す本の目標冊数が何冊だったかを伝えた方がいいね。
あきら：　そうだね。図書室にある図書委員会のノートを見れば，目標冊数がわかるから，明日確かめるよ。
お父さん：　図書室で確かめなくても，【発表メモ】から目標冊数がわかるよ。

課題２　読書週間中の１日に貸し出す本の目標冊数は何冊ですか。ことばや式などを使って，どのように考えたのか説明してみよう。

説明

（　　　　　　）冊

研究３　防災から考えよう

みどりさんとあきらさんは，地域のひなん訓練(くんれん)への参加をきっかけに，防災について話をしています。

みどり：　災害が起こって，一度にたくさんのけが人がでたら，しん察を受けたことがある病院へ行けるとはかぎらないね。

あきら：　しん察を受けたことがない病院へ，初めて行くことになるかもしれないよ。

みどり：　そうだね。でも，わたしたちが住んでいる地域の病院では，しん察を受けたことがあるすべての人の情報をコンピューターに記録していると，学校で学習したね。それに，地域にある複数の病院は，（図）のように，情報ネットワークでつながり，情報をやり取りしているのだったね。

（図）

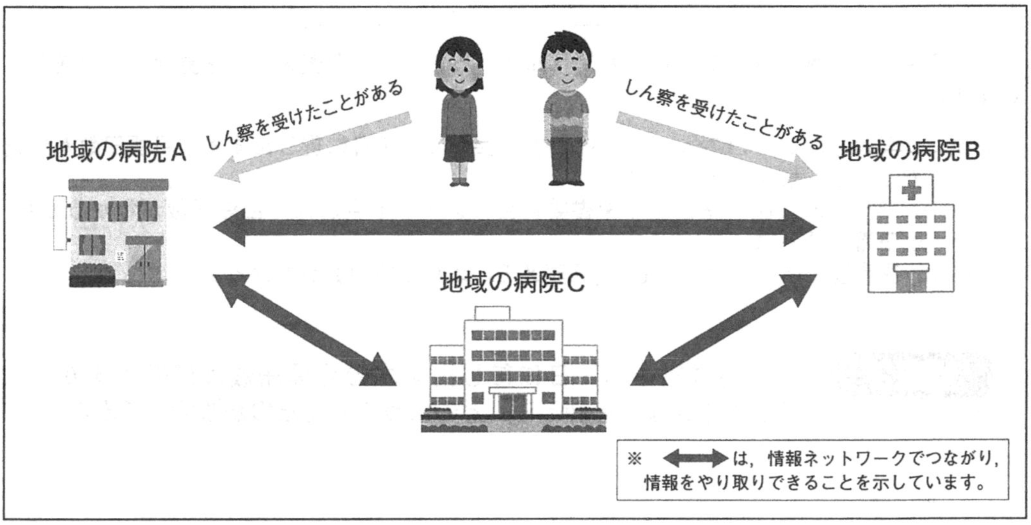

課題１　（図）のように，地域にある複数の病院が情報ネットワークでつながっていることは，どのように役立っているのか，「個人情報」という言葉を使って説明してみよう。

説　明

みどり：　災害が起きた場所で，自衛隊が救助活動をおこなったり，ボランティアの人たちが必要な物資を配ったりしている様子を，ニュースで見たことがあるよ。

災害が起きた場所で必要な物資を配る様子

あきら：　被(ひ)災地への支援(えん)をおこなうためには，たくさんの費用が必要だね。それらの費用は，災害が起きた都道府県などの予算から支出されているのかな。

みどり：　国の予算からも支出されているそうだよ。国の予算については，内閣と国会のはたらきによって決められていると，学校で学習したね。

課題2　国の予算が成立するまでの流れを，「内閣」と「国会」という言葉を使い，内閣と国会のそれぞれがおこなうことをあげて説明してみよう。

説　明

あきら：　国会には，選挙で選ばれた多くの議員が集まっていたね。

みどり：　国会は，衆(しゅう)議院と参(さん)議院の２つに分かれていたよ。

あきら：　どうして２つに分かれているのかな。

課題3　国会が，衆議院と参議院の２つに分かれている理由を，国会のはたらきと関連づけて書いてみよう。

理　由

研究4　キャンプに行って見たことから考えよう

あきらさんとみどりさんは，あきらさんのお父さんとキャンプに行きました。キャンプ場のまわりをながめながら，３人で話をしています。

あきら：　たくさんの植物が生えているね。
お父さん：　植物が生きていくために必要な条件がそろっているんだね。
みどり：　植物が生きていくためには，日光や水のほかに，空気も必要だったよね。
あきら：　動物も，空気がないと生きていけないよ。
お父さん：　植物と動物は，酸素や二酸化炭素をとおしてつながっているんだよ。（図１）

（図１）

課題１　植物と動物は，それぞれどのようなはたらきをおこなうことで，酸素や二酸化炭素をとおしてつながっていると考えられますか。植物と動物が，それぞれおこなうはたらきを，どちらにも「酸素」，「二酸化炭素」の２つの言葉を使って説明してみよう。

説　明

・植物がおこなうはたらき

・動物がおこなうはたらき

次に，あきらさんたちは，タブレット端末で，キャンプ場で見つけた３種類のこん虫の写真をとりました。写真を並べた画面を見ながら，話をしています。

あきら：　これら３種類のこん虫は，２つのグループに分けられるよ。わたしは，（図２）のように，ナナホシテントウとアゲハの間に線を引いて，体のつくりのちがいでグループに分けたよ。

（図２）

みどり：　体のつくりがどのようにちがうの。

あきら：　ナナホシテントウは，４枚のはねのうち，とばないときはたたまれて見えていないはねがあって，アゲハとアキアカネは，４枚のはねがいつも見えているというちがいだよ。

お父さん：　ほかの分け方も考えられないかな。

みどり：　わたしは，（図３）のように，アゲハとアキアカネの間に線を引いて，育ちのちがいでグループに分けたよ。

（図３）

課題２　みどりさんが，（図３）のように，アゲハとアキアカネの間に線を引いてグループに分けた理由を，育ちがどのようにちがうのかがわかるように書いてみよう。

理　由

あきらさんとみどりさんは，キャンプ場の近くの川を見ながら話をしています。

あきら：　この場所は，川が大きく曲がっているね。(図4)
みどり：　川が曲がったところの内側は，石が集まって川原になっているけれど，外側はがけで，内側のような川原にはなっていないね。
あきら：　どうして，川が曲がったところの内側には，石がたくさん集まっているのかな。

(図4) あきらさんたちが見た川

課題3　(図4) のように，川が曲がったところの内側に石がたくさん集まっている理由を，水の流れの速さと流れる水のはたらきから書いてみよう。

理　由

受検番号	

※100点満点
(配点非公表)

令和３年度

和歌山県立中学校
適性検査Ⅱ

（１０：１５～１１：００）

（注　意）

1 「はじめ」の合図があるまで，この冊子（さっし）を開いてはいけません。

2 「はじめ」の合図があったら，まず，受検番号を記入しなさい。

3 適性検査は，どこから始めてもかまいません。

4 解答は，すべてこの冊子の [ ] で囲まれた場所に記入しなさい。

5 計算などは，この冊子の余白を使いなさい。

6 印刷が悪くてわからないときや筆記用具を落としたときなどは，だまって手を挙げなさい。

7 時間内に解答が終わっても，そのまま着席していなさい。

8 「やめ」の合図があったら，すぐに解答するのをやめ，冊子の表紙を上にして机の上に置きなさい。

この適性検査には,「みどりさん」と「あきらさん」たちが登場します。
いっしょに,いろいろな課題について考えてみよう。

研究１　春休みの計画から考えよう

みどりさんとあきらさんは,春休みに,それぞれの家族をあわせた７人で森林公園へ行くことにしました。学校から森林公園までの道のりは27kmです。

みどり：　学校に集合して,わたしの家の車でいっしょに行こうよ。学校から駐(ちゅう)車場までは車で行って,駐車場からは,1.5kmのハイキングコースを歩いて森林公園まで行こう。

あきら：　学校から森林公園へ行く途中(とちゅう)にあるパン屋でお昼ごはんを買って,森林公園で食べようよ。

みどり：　そうだね。森林公園では３時間過ごして,その後,ちょうど午後３時に駐車場に着くように,ハイキングコースを歩いてもどろう。

あきら：　そうしよう。じゃあ,学校を何時に出発すればよいのかな。

みどり：　車で進む速さは時速30km,歩く速さは分速60m,パン屋での時間は20分間として考えてみよう。

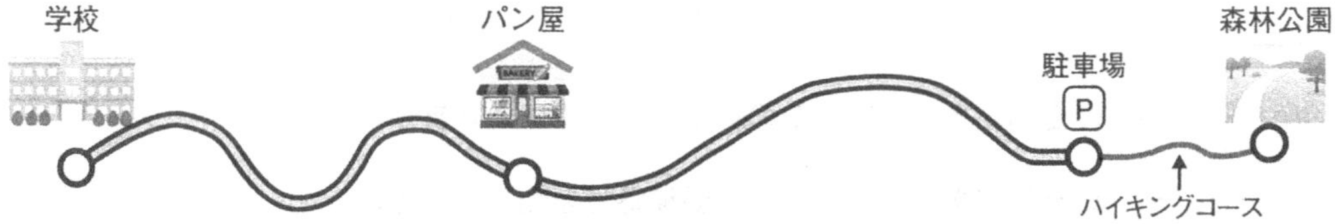

課題 1　みどりさんたちは，学校を午前何時何分に出発すればよいですか。ことばや式などを使って説明してみよう。
ただし，車で進む速さや歩く速さは，それぞれ一定とします。また，駐車場での時間は考えないものとします。

説　明

午前（　　　　）時（　　　　）分

次に，あきらさんとみどりさんは，パン屋のチラシを見ながら話をしています。

あきら：　お昼ごはんは，パン屋でサンドイッチとジュースをそれぞれ１人に１つずつ用意しよう。
みどり：　そうしよう。７人分必要だね。
あきら：　割引券(わりびきけん)が１枚(まい)ついているよ。
みどり：　A，B，Cのどれを選ぶといちばん安くなるかな。

【パン屋のチラシの一部】

サンドイッチ １個 300円	**ジュース** １本 140円
わくわくセット サンドイッチ３個とジュース３本 1240円	

割引券

＊A・B・C のどれか1つを選んで，記号に○をつけてね。

A　**全品30円引き**　（※わくわくセットには使えません。）
B　**全品10％引き　さらに，サンドイッチ３個ごとにジュースを１本プレゼント**
（※わくわくセットには使えません。）
C　**わくわくセットがさらに15％引き**　（※何セットにでも使えます。）

課題２　サンドイッチを７個とジュースを７本，用意します。A，B，Cのどれを選ぶと，いちばん安くなりますか。ことばや式などを使って，それぞれの代金の合計を確かめて説明してみよう。
また，いちばん安くなるときの代金の合計をかいてみよう。

説　明

（　　　）を選ぶといちばん安くなる。そのときの代金の合計（　　　　）円

研究2　科学まつりで体験したことから考えよう

あきらさんとみどりさんは，科学まつりに参加しました。
最初に，おおいが回るおもちゃを紹介(しょうかい)するコーナーに行きました。

係の人：　このおおいが回るおもちゃは，（図1）のように，空き缶(かん)のふたに画びょうを取り付け，その上におおいをかぶせています。
　また，おおいの上の部分は風車(かざぐるま)になっています。
　このおもちゃのおおいとふたを外し，空き缶の中に，約60℃の水を半分ぐらい入れます。そして，ふたをしっかりと閉(し)め，その上におおいをかぶせ直し，しばらく待ちます。

あきら：　おおいが回り始めたよ。（図2）

みどり：　どうしておおいが回るのかな。

（図1）

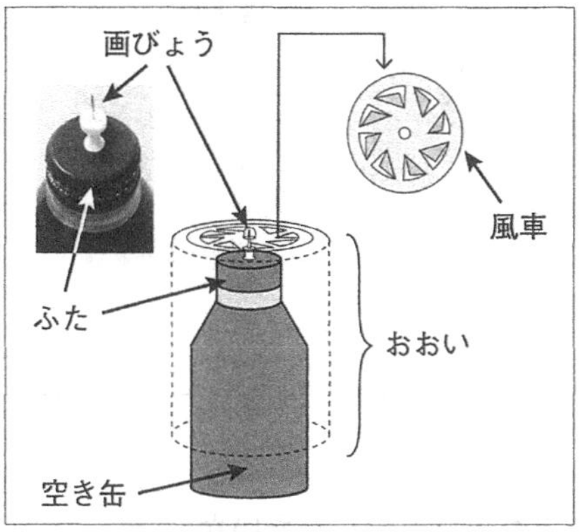

（図2）

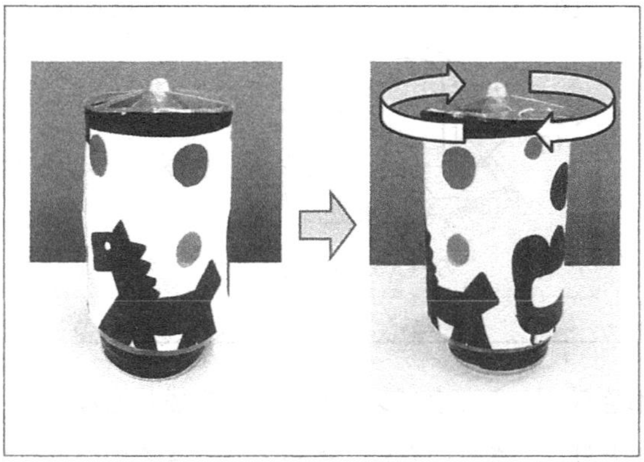

課題1　おおいが回る理由を，空き缶の中に約60℃の水を入れたことをもとに書いてみよう。

理　由

次に，ミョウバンのかざりをつくるコーナーに行きました。

係の人：　水よう液の温度を下げることで，水にとけていたミョウバンのつぶを取り出すことができます。この性質を利用して，【ミョウバンのかざりのつくり方の例】のとおりに，かざりをつくってみましょう。
　（表）は，水の温度とミョウバンがとける量を示しています。

【ミョウバンのかざりのつくり方の例】

① 50℃の水50mLに，ミョウバンを18gとかす。（図３）
② ①でつくった水よう液の中に，モールをつり下げる。（図４）
③ ①でつくった水よう液の温度を30℃に下げる。
④ モールを取り出す。
※ ③のとき，30℃ではとけることができない10gのミョウバンのつぶが現れて，その一部がモールにつきます。（写真１）

（表）水の温度とミョウバンがとける量（水50mL）

水の温度（℃）	とける量（g）
10	4
20	6
30	8
40	12
50	18
60	28

（図３）

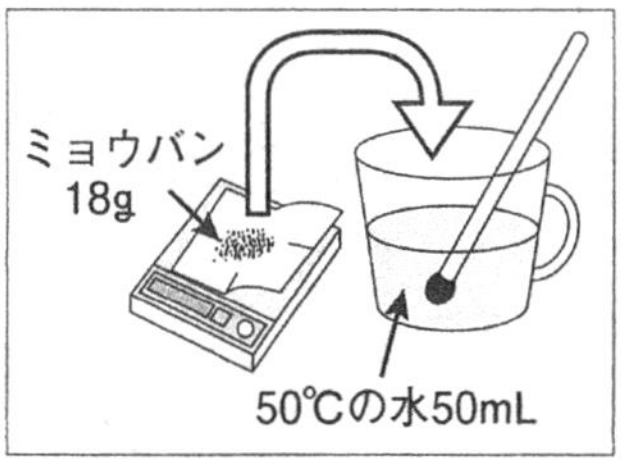

（図４）

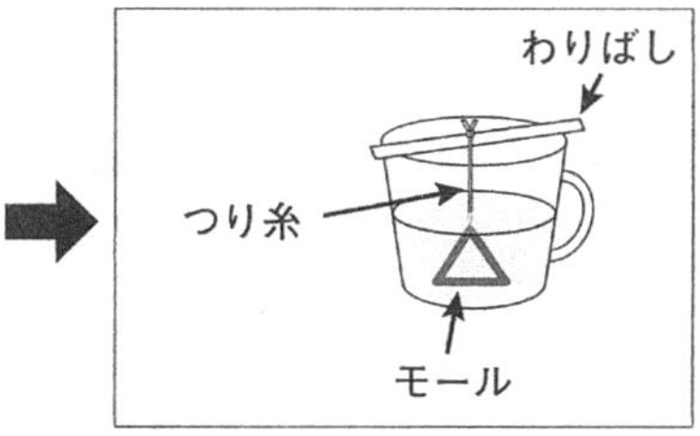

（写真１）

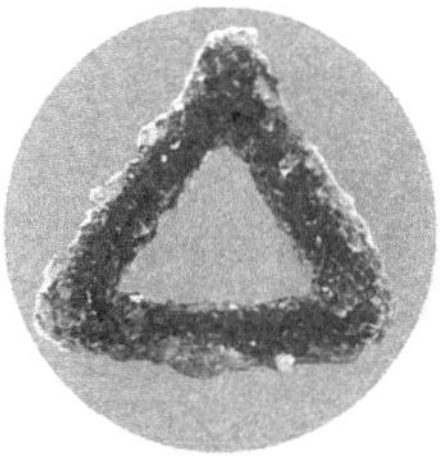

あきら：　ミョウバンのかざりが完成したね。

みどり：　きれいだね。もっとたくさんのつぶがついたかざりもつくりたいな。

係の人：　水よう液から，さっきの３倍や４倍の量のミョウバンのつぶを取り出すことができたら，もっとたくさんのつぶがモールにつきますよ。

あきら：　次は，水よう液から40gのミョウバンのつぶを取り出したいな。

みどり：　でも，60℃の水50mLにミョウバンは28gしかとけないから，40gのミョウバンのつぶは取り出せないよ。

係の人：　水の量を100mLにすると，水にとけていたミョウバンのつぶを40g取り出すことができますよ。

令和三年度

和歌山県立中学校

作　文

（十一時十五分～十二時）

（注　意）

一　「はじめ」の合図があるまで、開いてはいけません。

二　「はじめ」の合図があったら、まず、受検番号をこの冊子（さっし）と原稿（こう）用紙の二か所に記入しなさい。

三　作文は冊子の中にある原稿用紙に書きなさい。

四　印刷が悪くてわからないときや筆記用具を落としたときなどは、だまって手を挙げなさい。

五　時間内に書き終わっても、そのまま着席していなさい。

六　「やめ」の合図があったら、すぐに書くのをやめ、二枚重ねて置きなさい。

2021(R3) 和歌山県立中
教英出版

受検番号

一 次の文章を読んで、あとの問いに答えなさい。

※には（注）がある。

著作権に関係する弊社の都合により
本文は省略いたします。
教英出版編集部

（野口聡一 著『15歳の寺子屋「宇宙少年」』から……一部省略等がある。）

500字

600字

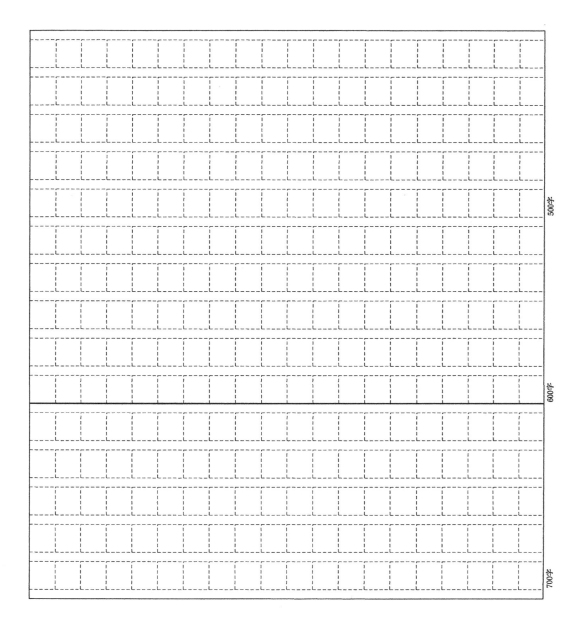

700字

受検番号

※50点満点
（配点非公表）

（注　意）

・原稿用紙の正しい使い方にしたがって書きなさい。ただし、題名や名前は書かず、一行目から書き始めなさ

・文章を直すときは、次のように書き直してもかまいません。

お兄さん（→兄）が、私に、一冊の（古い）本をくれました。

（注）
リアリティ ＝ 現実
自転 ＝ 自分で回転すること
ともすれば ＝ 場合によっては
重点が置かれがち ＝ 大事だと思われることが多い
格闘 ＝ 組み合ってたたかうこと
膨大 ＝ 非常に大きい
更新 ＝ 新しく改めること
錯覚 ＝ 思いちがい、かんちがい

【問い】 筆者が本文中の――線部のように述べているのは、なぜだと思いますか。また、そのことについて、あなたの考えを、自分の経験を入れながら、六〇〇字程度にまとめて書きなさい。

課題2　水の量を100mLにして，水にとけていたミョウバンのつぶを40g取り出す方法を，（表）をもとに説明してみよう。

ただし，水のじょう発は考えないものとし，水の温度は60℃をこえないこととします。

説　明

最後に，電磁石を利用したおもちゃのベルを紹介するコーナーに行きました。

係の人：　おもちゃのベル（写真２）は，（図５）のようなつくりをしています。
では，スイッチを入れます。おもちゃのベルが鳴り続けます。

（写真２）

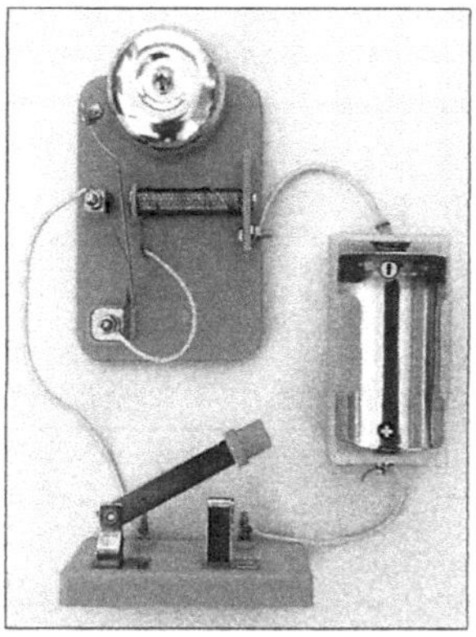

（図５）

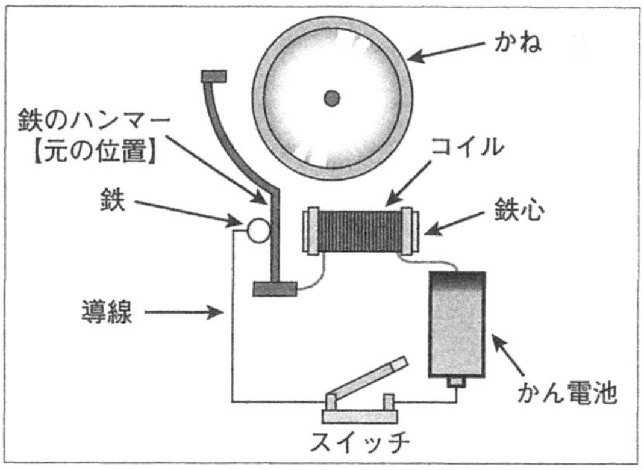

あきら：　鉄のハンマーが動き続けているよ。

係の人：　スイッチを入れると，鉄のハンマーの動きは（図６）のようになります。電流が流れると，鉄のハンマーがかねをたたきます。そして，電流が流れないときは，鉄のハンマーが【元の位置】にもどるつくりになっています。

みどり：　なるほど。だから，おもちゃのベルが鳴り続けるんだね。

（図６）

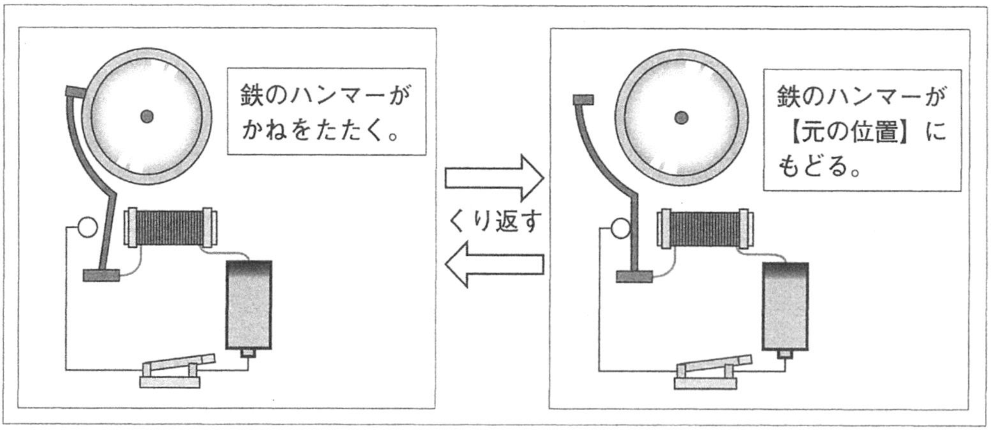

課題3　おもちゃのベルが鳴り続けるしくみを，（図6）と電磁石のはたらきから説明してみよう。

説　明

研究3　1年生との交流会から考えよう

あきらさんとみどりさんの学級では，１年生との交流会で使うために，１辺が５cmの立方体の形をした，の面がとなり合う（図１）のようなサイコロをつくることになりました。

あきら：　サイコロの向かい合う面の目をたすと，７になるよね。

みどり：　そうだね。まず，わたしが展開図（てん）をかいてみるよ。

あきら：　組み立てたときに重なり合う辺の一方に，（図２）のような，のりしろをつけよう。

（図１）

（図２）

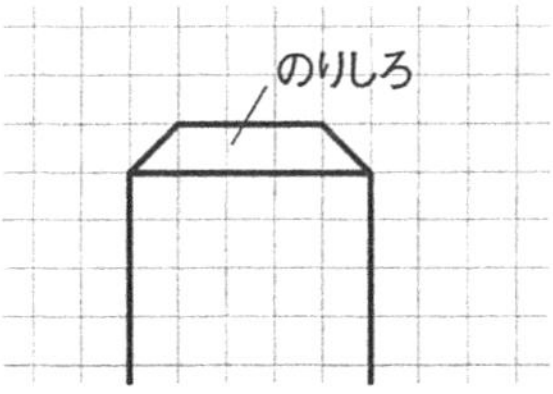

課題１

下の【みどりさんがかいている展開図】の続きと，必要なのりしろを，方眼紙からはみ出さないように ―― 線でかいてみよう。

ただし，サイコロの目をかく必要はありません。また，定規は使わないものとします。

【みどりさんがかいている展開図】

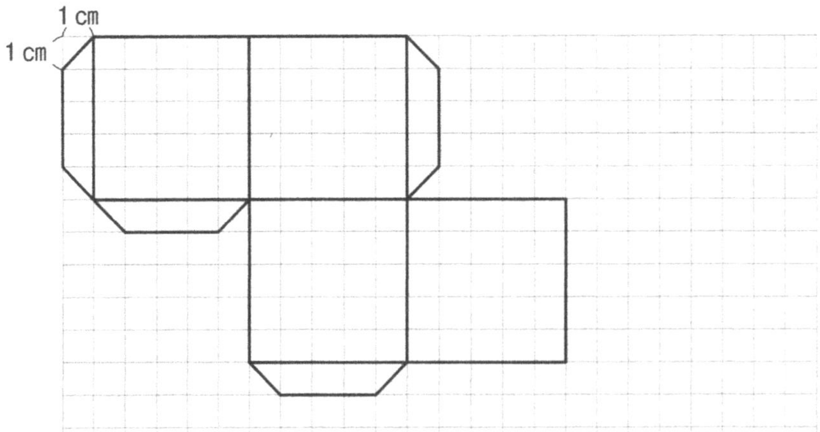

みどりさんとあきらさんは，１年生との交流会でおこなう「サイコロ積みゲーム」を試すために，このゲームの【サイコロの積み方】にしたがって，机の上でサイコロを積んでいます。

【サイコロの積み方】

○サイコロは面と面をきっちり合わせ，すきまなく積み，階段の形になるように１段，２段，３段……と順番に積んでいく。

○どのサイコロも正面の面の目は１，右横の面の目は２，上の面の目は３となるように積む。

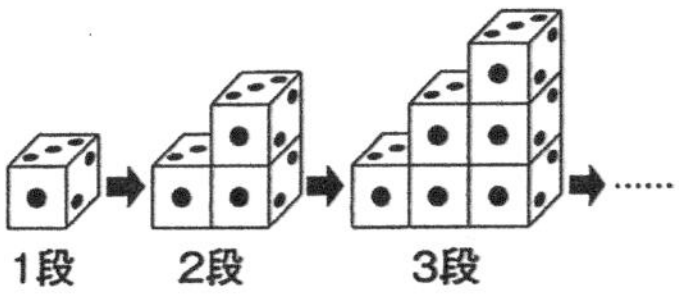

みどり：　３段の階段の形ができたね。正面，右横，上から見るとそれぞれ（図３）のように見えるね。

（図３）

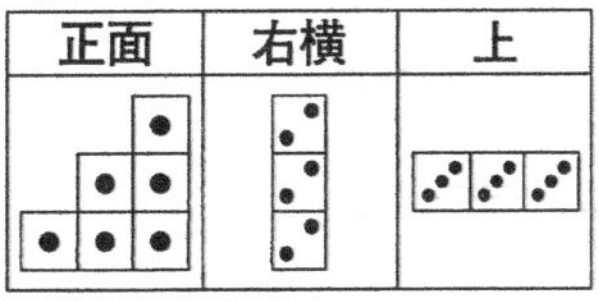

あきら：　見る方向をかえると，（図３）のほかには，目が５の面が３つ，目が６の面が６つ見えるね。でも，目が４の面は，どこから見ても見えないよ。

みどり：　そうだね。見える面と見えない面があるね。３段の階段の形で見える面の目をすべてたすと，72になるね。

あきら：　じゃあ，さらにサイコロを積んで，７段の階段の形ができたとき，見える面の目をすべてたすと，いくつになるのかな。

課題２　【サイコロの積み方】にしたがってサイコロを積み，７段の階段の形ができたとき，見える面の目をすべてたすと，いくつになりますか。ことばや式などを使って説明してみよう。

説　明

7段の階段の形ができたとき，見える面の目をすべてたすと，（　　　　　　）になる。

県立古佐田丘中学校
県立向陽中学校
県立桐蔭中学校
県立日高高等学校附属中学校
県立田辺中学校

受検番号	

※100点満点
(配点非公表)

令和2年度

和歌山県立中学校
適性検査Ⅰ

(9:15～10:00)

(注意)

1 「はじめ」の合図があるまで，この冊子を開いてはいけません。

2 「はじめ」の合図があったら，まず，受検番号を記入しなさい。

3 適性検査は，どこから始めてもかまいません。

4 解答は，すべてこの冊子の ［　　］ で囲まれた場所に記入しなさい。

5 計算などは，この冊子の余白を使いなさい。

6 印刷が悪くてわからないときや筆記用具を落としたときなどは，だまって手を挙げなさい。

7 時間内に解答が終わっても，そのまま着席していなさい。

8 「やめ」の合図があったら，すぐに解答するのをやめ，冊子の表紙を上にして机の上に置きなさい。

この適性検査には、「みどりさん」と「あきらさん」たちが登場します。
いっしょに、いろいろな課題について考えてみよう。

研究1　文章を書くために情報を集めよう

みどりさんとあきらさんの学級では、日本の伝統的な産業について、調べたことをもとに説明する文章を書くことになりました。

みどり：　わたしは、和紙について調べているよ。資料を二つ見つけたよ。

【資料①】　※には（注）がある。

著作権に関係する弊社の都合により
本文は省略いたします。

教英出版編集部

（『調べてみよう！日本の職人　伝統のワザ⑥「工芸」の職人』から）

（注）し外線……日焼けの原因となる目に見えない光

【資料②】

著作権に関係する弊社の都合により
本文は省略いたします。

教英出版編集部

（『調べよう　日本の伝統工業1　伝統工業を調べよう』から…一部省略等がある。）

（注）千代紙……模様を色刷りにした和紙
あんどん…昔の照明具の一つ
万年筆……インクが伝わり出るようになっているペン
もろい……持ちこたえる力が弱い

みどり：【資料①】・【資料②】の第一段落を読むと、どちらも読む人の興味を引きつける書き方をしているよ。

課題1　【資料①】・【資料②】の第一段落に共通する、読む人の興味を引きつける書き方を説明してみよう。ただし、【資料①】・【資料②】の両方に使われている言葉を例にあげて書くこと。

みどり：【資料①】・【資料②】に書かれていることを表に整理してみたよ。

【みどりさんの表の一部】

	和紙	洋紙
使われているもの	書道用紙、しょうじ、ふすま、千代紙、びんせん、ちょうちん、あんどん、かさ、衣服、重要な文書、お札	ノート、教科書
ア	ざらざら、でこぼこ	つるつる
作る方法	職人の手作り	機械

課題2　【みどりさんの表の一部】の ア に入る言葉を書いてみよう。

あきら：みどりさんの表を見ると、和紙はいろいろなものに使われているね。
みどり：そうだね。だから、説明する文章には、その理由を書こうと思っているよ。

課題3　【資料①】・【資料②】の内容を読んで、和紙がいろいろなものに使われている理由を「和紙は、」に続けて一文で書いてみよう。ただし、【資料①】・【資料②】の両方の言葉を使い、「和紙は、」をふくめて、三十字以上四十字以内で書くこと。

和紙は、
30字
40字

研究２　パンジーの苗(なえ)植えから考えよう

みどりさんとあきらさんは，学校の園芸委員会に入っています。園芸委員会では，いくつかの花だんにパンジーの苗を植えることになりました。

パンジーの苗

黄色　赤色　白色

みどり：　パンジーの苗は，黄色，赤色，白色の３色で，合計400個あるよ。

あきら：　黄色，赤色，白色の苗は，それぞれ何個ずつあるのかな。

みどり：　それをクイズにするよ。
赤色の苗の数は，黄色の苗の数の $\frac{2}{3}$ 倍だよ。
白色の苗の数と黄色の苗の数の平均は，160個になるよ。
パンジーの苗は，黄色，赤色，白色，それぞれ何個ずつあるかわかるかな。

課題１　パンジーの苗は，黄色，赤色，白色，それぞれ何個ずつありますか。ことばや式などを使って説明してみよう。

説　明

黄色の苗（　　　）個，赤色の苗（　　　）個，白色の苗（　　　）個

あきらさんたちは，長方形の形をした花だん（図１）に，パンジーの苗を（図２）のように植えることになりました。

（図１）花だん

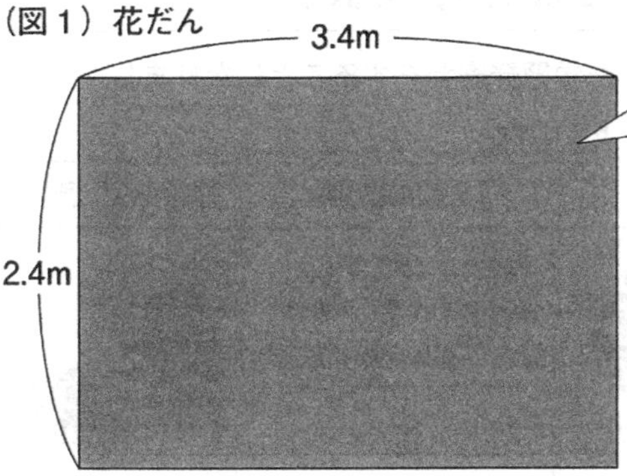

（図２）パンジーの苗の植え方

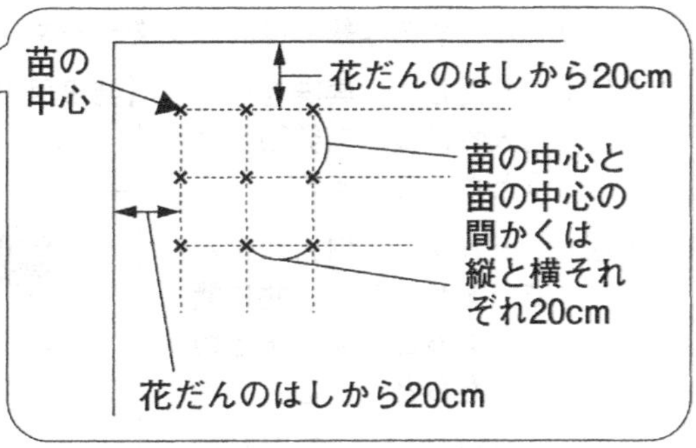

あきら：　この花だんに，できるだけ多くのパンジーの苗を植えることになったよ。

みどり：　花を大きく育てるために，苗の中心と苗の中心の間かくが縦と横それぞれ20cmになるように植えるのね。

あきら：　それに，花だんのはしから20cm未満の場所には植えないんだね。

みどり：　この花だんには，パンジーの苗を何個まで植えることができるのかな。

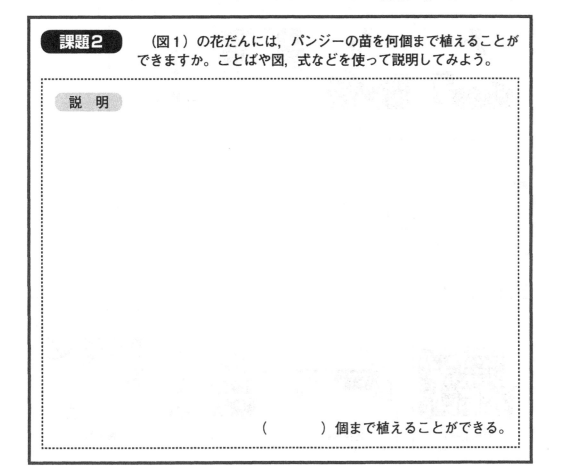

課題2　（図１）の花だんには，パンジーの苗を何個まで植えることができますか。ことばや図，式などを使って説明してみよう。

説　明

（　　　　）個まで植えることができる。

研究３　学習発表会の資料づくりから考えよう

みどりさんたちの学級では，歴史をテーマにした学習発表会をすることになりました。

みどり：　わたしは，興味をもった人物について発表しようと考えているよ。

あきら：　それなら，何人か選んで，それぞれの人物に関係のあることを，まとめてみたらどうかな。

たけし：　【発表用カード】に整理して，活やくした時代の古い順に発表すればいいね。

【発表用カード】の例

「人物」	「人物の説明」	「関係の深い建物」
 聖徳太子（しょうとくたいし）	冠位十二階（かんいじゅうにかい）を定め，家がらではなく，能力によって役人を取り立てた。	 法隆寺（ほうりゅうじ）
	十七条（じゅうしちじょう）の憲法（けんぽう）をつくり，役人の心得を示した。	

資料１【選んだ人物】

ア

平清盛（たいらのきよもり）

イ

徳川家光（とくがわいえみつ）

ウ

足利義満（あしかがよしみつ）

エ

鑑真（がんじん）

資料２【キーワード】

明（みん）	３代将軍（だいしょうぐん）	太政大臣（だいじょうだいじん）	宋（そう）	聖武天皇（しょうむてんのう）	参勤交代（さんきんこうたい）	渡航（とこう）

資料３【関係の深い建物】

①

日光東照宮（にっこうとうしょうぐう）

②

唐招提寺（とうしょうだいじ）

③

金閣（きんかく）

④

厳島神社（いつくしまじんじゃ）

課題 1　資料１から人物を１人選び，その人物についての【発表用カード】を完成させよう。
「人物」には，資料1のア～エの中から１人選んで，記号で書いてみよう。
「人物の説明」には，【発表用カード】の例にならって，説明する文を２つ書いてみよう。ただし，それぞれに資料２の【キーワード】を１つ使って，一文で書くこととします。
「関係の深い建物」には，資料３の①～④の中からあてはまるものを１つ選び，その番号を書いてみよう。
また，資料１のア，イ，ウ，エの人物を，活やくした時代の古い順になるよう，□に記号を書いてみよう。

【発表用カード】

「人物」	「人物の説明」	「関係の深い建物」
記　号	説　明 説　明	番　号

活やくした時代の古い順

記　号

古い　□ → □ → □ → □　新しい

あきらさんは，大仙（仁徳陵）古墳について発表するために，地図のある資料をつくりました。

あきら：　わたしは，堺東駅からすぐの堺市役所の21階にある展望ロビーに行ったことがあるよ。展望ロビーからは，大仙（仁徳陵）古墳をながめることができるから，堺市役所への行き方も資料に加えたいと考えているよ。

たけし：　わたしは，古墳についても学ぶことができる堺市博物館に行ったことがあるよ。

みどり：　それなら，堺市博物館の近くの，もず駅から堺市役所までの行き方を，紹介すればいいと思うよ。

あきら：　そうだね。「おすすめのコース」として，つくった地図に青い線で書き入れてみるよ。

課題2　あきらさんがつくった地図に示した青い線をもとに，「おすすめのコース」の文を完成させよう。
ただし，（　　）には八方位を，［　　　　］には地図記号があらわすものを書くこととします。

【あきらさんがつくった地図】

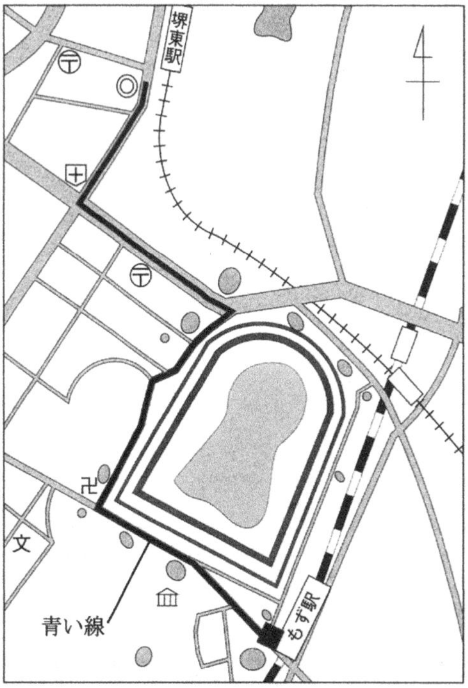

「おすすめのコース」

①もず駅前から（　　　　　）に進む。

②［　　　　］のある交差点で（　　　　　）に進む。

③大きな道に出たら（　　　　　）に進み，［　　　　］の前を通り過ぎる。

④［　　　　］のある交差点で（　　　　　）に進むと，左側に堺市役所がある。

研究４　夏休みの体験から考えよう

あきらさんは，お父さんと夏休みに，高原にある自然公園へ車で行きました。公園に着いて，広場で生き物探しをしました。

あきら：　シヨウリョウバッタを見つけたよ。

お父さん：　それは，こん虫の仲間だね。

あきら：　どうしてわかるの。

お父さん：　体のつくりを見ればわかるよ。

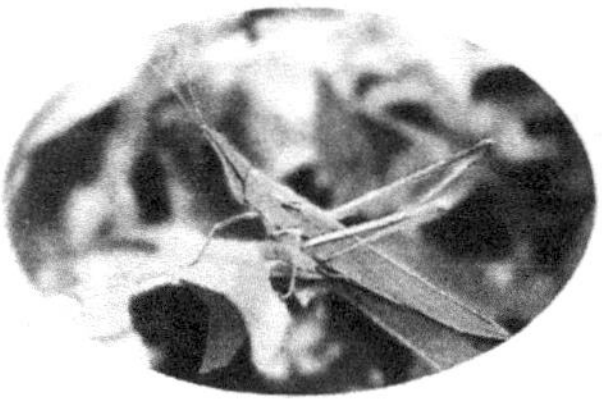

ショウリョウバッタの成虫

課題１　こん虫の成虫の体のつくりについて，その特ちょうを２つ書いてみよう。また，下の生き物の中から，こん虫をすべて選び，名前を○で囲んでみよう。

特ちょう①

特ちょう②

生き物

	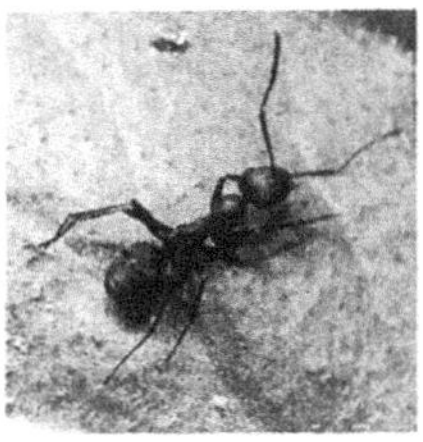		
ダンゴムシ	クロヤマアリ	モンシロチョウ	コガネグモ

次に，あきらさんたちは，ハイキングコースを散歩しました。コースを進んで行くと，地層（そう）が見えるところがありました。(図１)

お父さん：　地層が見えているね。

あきら：　砂の層に貝の化石を見つけたよ。

お父さん：　これは，海にすんでいた貝の化石だね。

あきら：　どうして，海にすんでいた貝の化石が高原にあるのかな。

(図１) あきらさんたちが見た地層

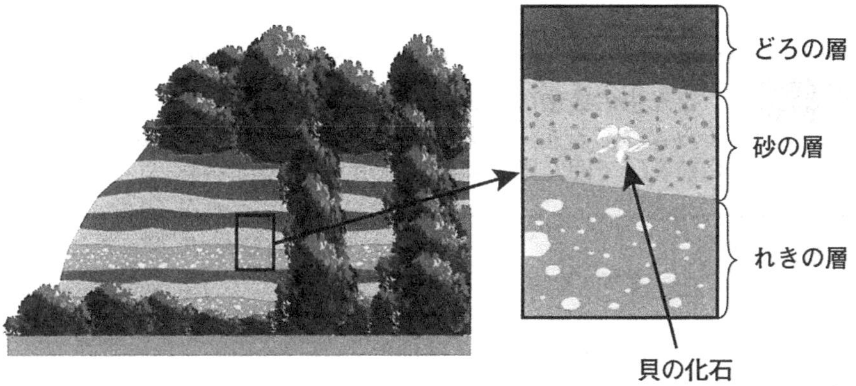

課題2　(図１) の地層は，海の底でできたものです。この地層がどうして高原で見られるようになったのか，説明してみよう。

説　明

あきらさんたちが，家に帰るため広場にもどってくると，急に激しい雨が降ってきました。車で帰る途中（とちゅう），トンネルの中を走っていると，車のガラスがくもり始めました。

あきら：　あれ，車のガラスの外側が白くくもってきたよ。(図2)

お父さん：　冷房（れいぼう）で，車の中の空気が冷やされていることと，関係があるんだよ。

（図2）車のガラスの様子

課題3　ガラスがくもるしくみがわかるように，車のガラスの外側が白くくもった理由を説明してみよう。

説　明

受検番号	

※100点満点
（配点非公表）

令和２年度

和歌山県立中学校
適性検査Ⅱ

（１０：１５～１１：００）

（注　意）

1　「はじめ」の合図があるまで，この冊子を開いてはいけません。

2　「はじめ」の合図があったら，まず，受検番号を記入しなさい。

3　適性検査は，どこから始めてもかまいません。

4　解答は，すべてこの冊子の ┆　　┆ で囲まれた場所に記入しなさい。

5　計算などは，この冊子の余白を使いなさい。

6　印刷が悪くてわからないときや筆記用具を落としたときなどは，だまって手を挙げなさい。

7　時間内に解答が終わっても，そのまま着席していなさい。

8　「やめ」の合図があったら，すぐに解答するのをやめ，冊子の表紙を上にして机の上に置きなさい。

この適性検査には，「あきらさん」と「みどりさん」たちが登場します。
いっしょに，いろいろな課題について考えてみよう。

研究１　地域の運動会から考えよう

あきらさんとみどりさんは，地域の運動会の準備をしています。地域には，３つの班があるので，（図１）のように観覧スペースをつくり，各班の参加人数にあわせて区切りたいと考えています。

（図１）

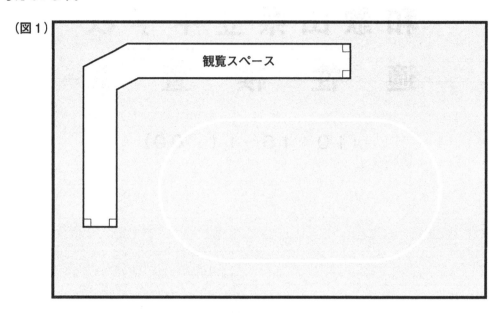

あきら：　運動会には，１班から25人，２班から45人，３班から20人が参加するそうだよ。

みどり：　方眼紙に，１めもりを１ｍとして観覧スペースをかいてみたよ。
（図２）のように区切りの線を２本引くと，３つの班の観覧スペースのこみぐあいが同じになると思うよ。

（図２）

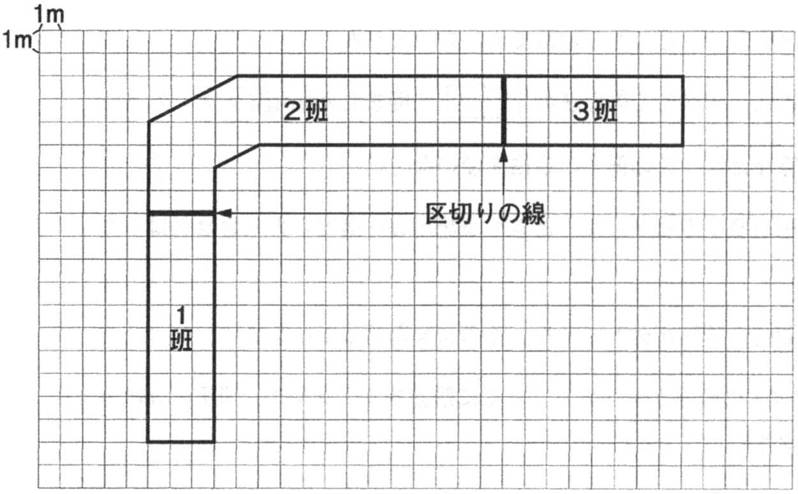

課題１　（図２）のように観覧スペースを区切ると，３つの班の観覧スペースのこみぐあいは同じになりますか。ことばや式などを使って，それぞれの班のこみぐあいを確かめて，説明してみよう。

説　明

３つの班の観覧スペースのこみぐあいは（　　　　　　　　　　）。

地域の運動会が終わった後に，消防署の人から防災についての話がありました。そこで，地域の人を対象に行った防災アンケートの結果が配られました。

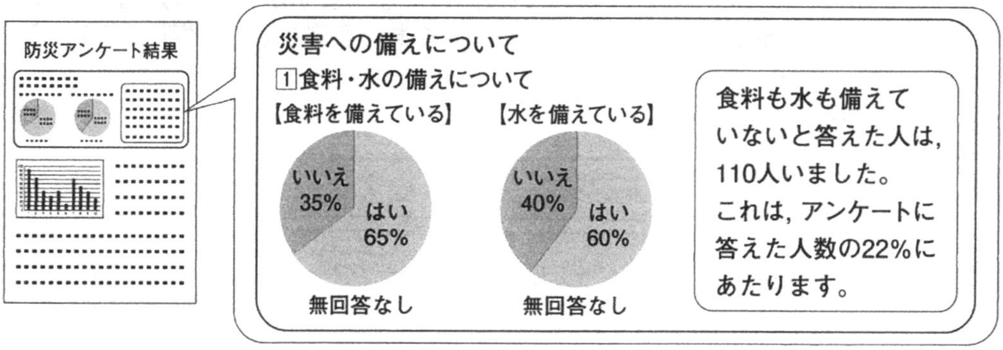

あきらさんとみどりさんは，この防災アンケートの結果を見ながら話をしています。

あきら：　わたしの家では，食料を備えているよ。

みどり：　わたしの家では，食料と水の両方を備えているよ。

あきら：　食料と水の両方を備えていると答えた人は何人いるのかな。

課題2　食料と水の両方を備えていると答えた人は何人いますか。ことばや式，表などを使って説明してみよう。

説　明

食料と水の両方を備えていると答えた人は（　　　　）人

研究２　まわりの長さから考えよう

あきらさんとみどりさんは，まわりの長さが60cmになる対称(しょう)な図形をいくつかかいて，それぞれの図形について話をしています。

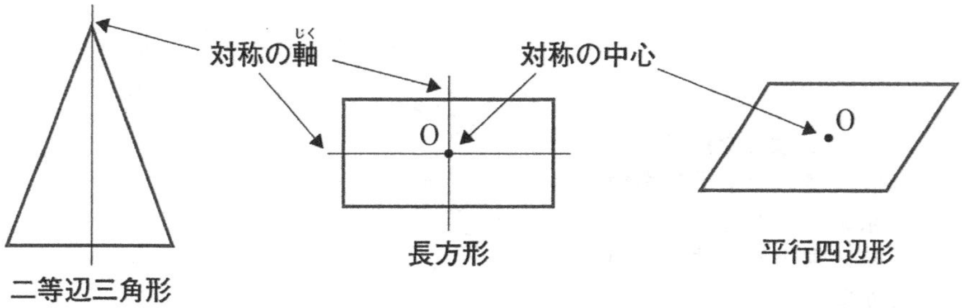

あきら：　二等辺三角形は，線対称な図形だよ。

みどり：　長方形は，線対称な図形で，点対称な図形でもあるよ。

あきら：　平行四辺形は，線対称な図形ではないけれど，点対称な図形だよ。

みどり：　じゃあ，わたしは，平行四辺形以外の点対称な図形をかいてみるよ。

課題１　まわりの長さが60cmで，点Oが対称の中心になる点対称な図形を１つかいてみよう。
ただし，方眼紙にかかれている――線を図形の一部とし，定規を使わないで，方眼紙にかかれている線をなぞってかいてみよう。

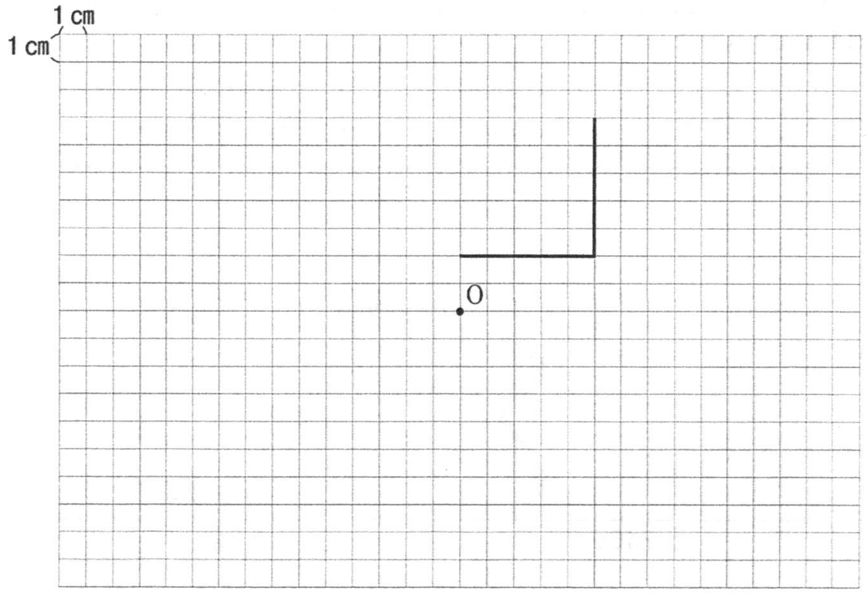

あきらさんとみどりさんは，和歌山県の$\frac{1}{1000000}$の地図を使って，和歌山県のおよその面積を求めようとしています。あきらさんは和歌山県のおよその形を考え，（図）のように赤色の直線をかき入れました。

（図）

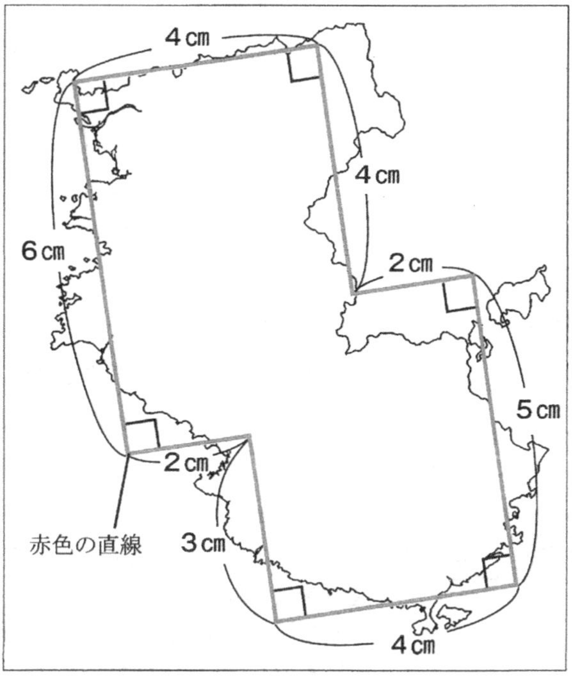

あきら：　（図）のような形で，和歌山県のおよその面積を求めたけれど，もっと正確に求める方法はないのかな。

みどり：　じゃあ，和歌山県の$\frac{1}{1000000}$の地図の形とあきらさんの考えた形を，同じ厚紙でそれぞれつくって，それらの重さを調べてみようよ。

みどりさんたちは，同じ厚紙を使って２つの形をつくり，それぞれの形の重さをはかって，次のようにまとめました。

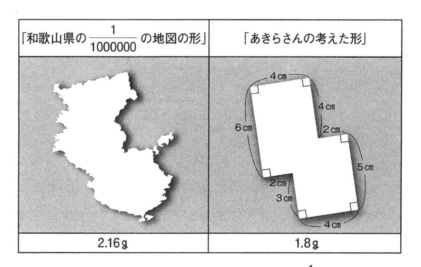

「和歌山県の$\frac{1}{1000000}$の地図の形」	「あきらさんの考えた形」
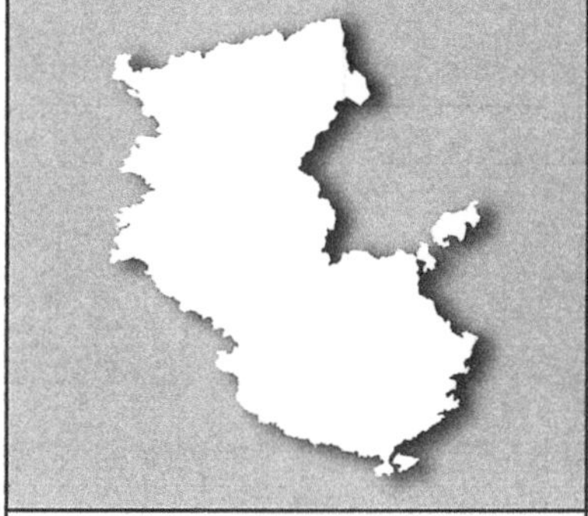	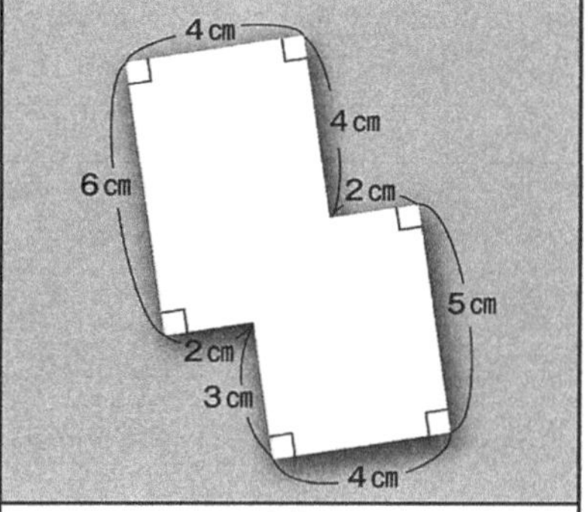
2.16g	1.8g

あきら：　なるほど。まとめたことを使うと，「和歌山県の$\frac{1}{1000000}$の地図の形」の面積がわかって，より正確な和歌山県のおよその面積を求められそうだね。

令和二年度

和歌山県立中学校

作文

（十一時十五分～十二時）

受検番号

（注意）

一　「はじめ」の合図があるまで、開いてはいけません。
二　「はじめ」の合図があったら、まず、受検番号をこの冊子と原稿用紙の二か所に記入しなさい。
三　作文は冊子の中にある原稿用紙に書きなさい。
四　印刷が悪くてわからないときや筆記用具を落としたときなどは、だまって手を挙げなさい。
五　時間内に書き終わっても、そのまま着席していなさい。
六　「やめ」の合図があったら、すぐに書くのをやめ、二枚重ねて置きなさい。

一　次の文章を読んで、あとの問いに答えなさい。

※には（注）がある。

先日のことです。近所のとても釣り好きの武爺さんが、昨晩は豊漁※だったからと言って、真新しいアジを二十匹も私の家に持ってきてくれました。どれも十五センチぐらいの見事なものです。

こんな真新しいアジは、めったに手に入りません。早速わが家では新鮮さをそのままアジのたたきにしてご馳走になりました。そのおいしかったこと、いつもは控えめにしかお酒をたしなまない※私の父も、そのときは少し酒を過ごして※しまったほどです。

魚屋さんに頼んでおいてさえこんなに真新しい魚はなかなか手に入りません。それをご馳走になれたのは、まさに近所に釣り好きの武爺さんが居たればこそ※です。

武爺さんの親切があんまりうれしかったので、ちょうどもらい物であったマロングラッセを半分お礼にと、私の母が届けに行きました。マロングラッセは、ちょっと田舎では手に入りにくい高級な、それはそれは味のいい栗のお菓子です。

さて、その翌日、武爺さんがまた私の家にやってきました。

「昨日は、大へんうまいお菓子をご馳走様でした。私は自分の釣ってきたアジをすそ分け※しただけなのに、あんなに立派なお菓子をもらったのでは、何とも申しわけありません。そこで、これは私の家で煮たものですが、夕飯のおかずの足しにでもしてもらえたら有り難いと思って、また同じものを届けにきましたよ。」

武爺さんはこう言ってお皿に入ったアジの煮つけを持ってきてくれたのでした。これにはすっかり私の家では恐縮してしまったのですが、私の家族がもっとびっくりしたのは別のことだったのです。

それは、今度武爺さんが持ってきてくれたアジは、最初私の家に持ってきてくれたものよりずっと小さい、せいぜい七、八センチの小アジばかりだったのです。

これは一体どういうことなのでしょうか——。それはつまり、私の家には最も大きな、立派なアジをまず持ってきてくれたということなのです。そして、小さいアジは自分の家で料理して食べたということでしょう。ですから、二度めに私の家に持ってくるときには小さなアジしかなかったということなのです。この心遣いは貴重です。

武爺さんは、そのことについて一言も話しはしませんでしたが、二度のアジのプレゼントの中に、無言の教えをこめてくれたような気がするのです。二度めのアジもまた格別※よい味でした。

（野口芳宏　著『フーちゃんがんばれ—子どもと楽しむ一日一話「小さかったお返し」』から
……一部改変等がある。）

（注）
豊漁　＝　魚がたくさんとれること
たしなまない　＝　好んで親しまない
酒を過ごす　＝　酒を飲み過ぎる
居たればこそ　＝　居てくれたおかげ
すそ分け　＝　自分の持っているものの一部などを、友達や知り合いに分けあたえること
格別　＝　特別

【問い】　本文中の——線部について、あなたが感じたり考えたりしたことを六〇〇字程度にまとめて書きなさい。ただし、本文中に登場する私を用いる場合は、かぎ（「　」）をつけて「私」と書くこと。

700字 600字 500字

受検番号

※50点満点
（配点非公表）

（注　意）

・原稿用紙の正しい使い方にしたがって書きなさい。ただし、題名や名前は書かず、一行目から書き始めなさい。

・文章を直すときは、次のように書き直してもかまいません。

お~~兄さん~~（兄）が、私に、一冊の（古い）本をくれました。

課題2　より正確な和歌山県のおよその面積は何km^2になりますか。
ことばや式などを使って，どのように考えたのか説明してみよう。

説　明

より正確な和歌山県のおよその面積は（　　　　　　　　　　）km^2

研究3　日光から考えよう

みどりさんとあきらさんは，夏休みの自由研究で，２つの同じ虫めがねを使って日光について調べています。

みどり：　一方の虫めがねに，４つの円い穴のあいた黒い紙をのせて，日光を集めると，下の黒い紙に４つの明るい円い形ができるね。その虫めがねを上に動かしていくと，明るい部分は１か所に集まっていくよ。(図１)

あきら：　(図１）と(図２）のどちらでも，虫めがねを通った日光は１か所に集まるね。

(図１)

(図２)

みどり：　それぞれの虫めがねで日光を集めると，どのようなちがいがあるのかな。

２人は，下のように，墨汁(ぼくじゅう)を入れた２つの容器に（図１）と（図２）の虫めがねを使って５分間，日光を１か所に集め，墨汁の温度の変化を調べる実験を行いました。

【実験】

・ＡもＢも同じ容器を使い，同じ量の墨汁を入れ，同じ温度であることを確認する。

・ＡもＢも，虫めがねを通った日光が墨汁の水面の１か所に集まるように，虫めがねを固定する。

※ただし，虫めがねを通った日光が温度計に直接当たらないようにする。また，同じ条件のもと，同時に行う。

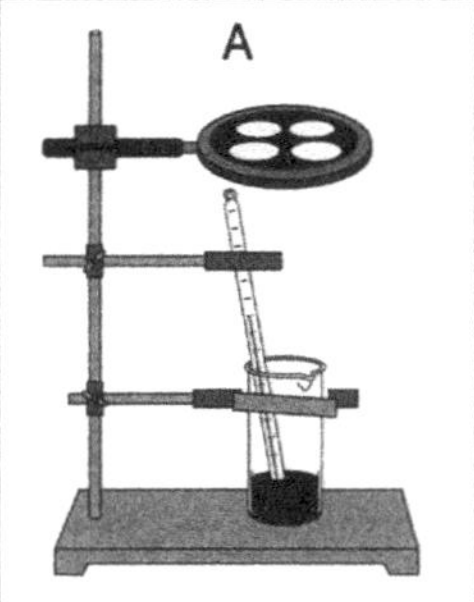

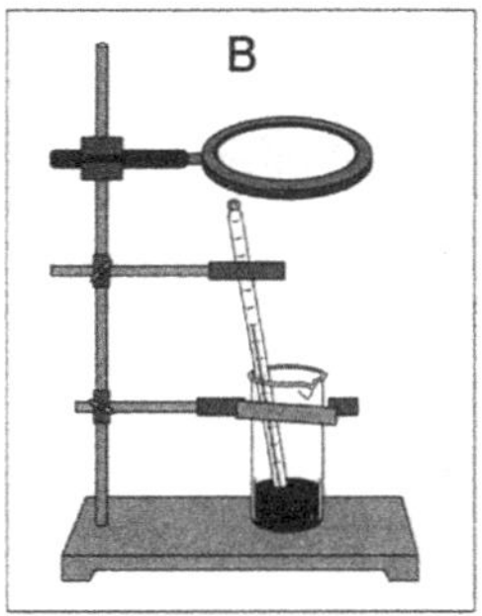

課題１　上の【実験】の結果を，下のア，イ，ウから１つ選び，選んだ記号を□に書いてみよう。また，そのような結果になると考えた理由を書いてみよう。

記　号

ア　ＡのほうがＢよりも温度が高くなる。
イ　ＢのほうがＡよりも温度が高くなる。
ウ　ＡもＢも同じくらい温度が高くなる。

□

理　由

あきらさんとみどりさんは，ある日，虹（にじ）を見つけました。

あきら：　きれいな虹だね。どこかで雨が降っているのかな。

みどり：　そうね。この前，科学クラブで霧吹（きりふ）きを使って虹をつくったね。霧吹きから出た細かい水のつぶに日光が当たって，虹が見えることがわかったね。

あきら：　自分から見て，太陽の位置と反対側で，水のつぶがあるところにだけ，虹が見えることもわかったよ。

みどり：　太陽を背にして霧吹きをしたときにしか，虹が見えなかったものね。（図３）
　そういえば，「朝虹は雨，夕虹は晴れ」という天気のことわざがあるとお母さんが言っていたよ。

（図３）

課題２　「朝虹は雨，夕虹は晴れ」ということわざが示すように，朝に虹が見えると，その後は雨が降ることが多く，夕方に虹が見えると，次の日は晴れになることが多いと言われています。
　このことを，太陽の位置や天気の変化のきまりと関連づけて説明してみよう。

説　明

　みどりさんとあきらさんは，校庭の日当たりのよい場所に生えているシロツメクサを見つけて，話をしています。

みどり：　理科の授業で，ジャガイモの葉を使って実験したように，シロツメクサも，葉に日光が当たるとでんぷんをつくるのか確かめたいな。

あきら：　授業では，ジャガイモの葉をアルミニウムはくで包んで，日光が当たらないようにしたね。

みどり：　シロツメクサの葉は小さいから，箱をかぶせて日光が当たらないようにしてみよう。先生にお願いして，実験をさせてもらおうよ。

【実験】

手順①	晴れた日の午後，シロツメクサの葉に日光が当たらないように，同じ大きさの箱をかぶせ，次の日の朝までそのままにしておく。（写真１）
手順②	次の日の晴れた朝，Ａの箱を外して，葉に日光が当たるようにする。Ｂの箱はかぶせたままにする。（写真２）
手順③	４時間後，ＡとＢのそれぞれ数か所から葉をつみ取って，それぞれの葉にでんぷんがあるかどうかを調べる。

（写真１）

（写真２）

黒いわくはＡの箱があったところ

（葉のでんぷんの調べ方）

つみ取った葉をろ紙にはさむ。 ➡ ろ紙に色がつくまで木づちでたたく。 ➡ 葉を取りのぞき，ろ紙を水でうすめたヨウ素液につける。 ➡ ろ紙を水に入れ，破れないように静かにすすぐ。

（実験の結果）

葉のもようのまわりが青むらさき色に染まっている

※現物はカラーの為色の説明を加えました

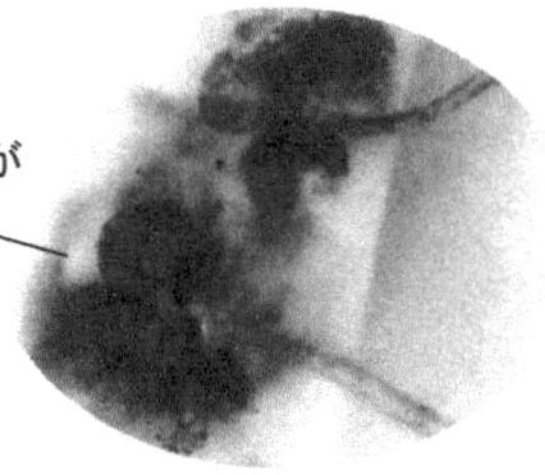

Ａのシロツメクサを調べたろ紙

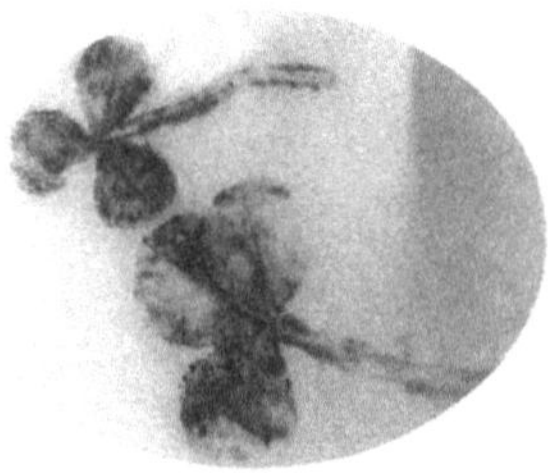

Ｂのシロツメクサを調べたろ紙

あきら：（実験の結果）を見ると，シロツメクサも，日光が当たるとでんぷんをつくることがわかるね。

みどり：この実験の結果を，先生に報告しよう。

みどりさんとあきらさんは，実験の手順と結果を先生に報告しました。

先　生：がんばって調べたね。でも，この実験の手順①～③では，葉に日光が当たるとでんぷんをつくることが，確かめられたとは言えないね。
手順が１つ足りないと思うよ。

課題3　正しく確かめるためには，どのような手順を加えるとよいですか。下の◯に番号を，□に手順を書いてみよう。
また，そのように考えた理由を書いてみよう。

加える手順

【実験】の，手順（番号　）と，手順（番号　）の間に，

手順

□を加える。

理　由